TCHS Terminal

File   Edit   View   Search   Terminal   Help

`c00king@haxx0rs:~$ less Impressum.txt`

AF285549

Bibliografische Information der Deutschen Nationalbibliothek: Die Deutsche
Nationalbibliothek verzeichnet diese Publikation in der Deutschen Nationalbibliografie;
detaillierte bibliografische Daten sind im Internet über dnb.dnb.de abrufbar.

Die automatisierte Analyse des Werkes, um daraus Informationen insbesondere über Muster,
Trends und Korrelationen gemäß §44b UrhG („Text und Data Mining") zu gewinnen, ist nicht
untersagt.

Autoren: G38C, Fortunato & TCHS-(KI)
Layout & Grafik: G38C
Mitwirkende: C00king Haxx0rs Community
Social Media: https://tarnkappe.info/tg

Verlag: BoD · Books on Demand GmbH, In de Tarpen 42, 22848 Norderstedt, bod@bod.de
Druck: Libri Plureos GmbH, Friedensallee 273, 22763 Hamburg

ISBN: 978-3-7597-9402-4

~$ Kochen unter dem Radar
{Von Nerds für Nerds}

TCHS Terminal   ⊕ ⊖ ⊗

File   Edit   View   Search   Terminal   Help

`c00king@haxx0rs:~$ ls -l Inhalt.txt`

~$ Kochen unter dem Radar
{Von Nerds für Nerds}

File   Edit   View   Search   Terminal   Help

c00king@haxx0rs:~$ less Vorwort.txt

Liebe Leserin, lieber Leser!

Du fragst dich bestimmt, wie man „unter dem Radar" kochen kann? Und was bitte haben Computerfreaks mit Rezepten zu tun? Ernähren die sich nicht alle von Pizza und Fertiggerichten?

Weit gefehlt. Als wir unsere Kochgruppe im sozialen Netzwerk Telegram eröffneten, kamen schnell immer mehr Interessierte dazu, die sich gegenseitig Fotos von ihren Zutaten, ausgefallenen Messern oder fertigen Gerichten zeigten. Noch immer fachsimpeln sie über die Zubereitung ihrer Gerichte, beantworten Fragen und geben sich gegenseitig praktische Tipps. Da wir mit Sunny einen gelernten Koch in unserem engsten Kreis haben, kam zum Glück on top noch echtes Fachwissen dazu.

Tja, dachten sich die Moderatoren der Telegram-Gruppe. Alles schön und gut. Wenn wir die Rezepte schon untereinander austauschen, warum nicht gleich sammeln? Warum kein PDF-Dokument, auf das jeder zugreifen kann? Doch das war den C00king Haxx0rs, wie sich die IT-Köche selbst nennen, bei weitem nicht nerdig genug. Konkret haben wir eine Künstliche Intelligenz beauftragt, die Rezepze zu analysieren und Rezepte zu erstellen. Sie fügt automatisch alle Zutaten hinzu. Zudem zeigt eine Grafik, wie gesund die Gerichte sind. Man sieht also auf einen Blick, wie hoch der Anteil an Kohlenhydraten, Ballaststoffen, Fetten und Proteinen ist. Und wem das immer noch nicht reicht, der erfährt im so genannten „Terminal", wie viel Gramm Fett, Ballaststoffe und Co. jeweils enthalten sind.

Nerdiger geht's nicht?

Doch, allerdings! Denn jedes Kochbuch aus unserer Reihe - und davon werden hoffentlich noch viele erscheinen - wird immer genau 42 Rezepte enthalten. Wer mit der Zahl 42 nichts anfangen kann, dem sei Douglas Adams Roman „Per Anhalter durch die Galaxis" ans Herz gelegt. In diesem Science-Fiction-Szenario stellt eine außerirdische Rasse die "große Frage nach dem Leben, dem Universum und dem ganzen Rest". Der Computer der Außerirdischen nimmt 7,5 Millionen Jahre für seine Antwort in Anspruch. Hoffen wir, dass es nicht so lange dauert, bis Band 2 unseres Kochbuchs erscheint.

Übrigens: Auch dieses Vorwort wurde von einer Künstlichen Intelligenz auf Stil, Zeichensetzung, Rechtschreibung etc. geprüft.

Fortunato hatte ursprünglich die Idee für das Buch, G38C hat sich dann spontan bereit erklärt, ihn mit seinem Wissen, der Bildbearbeitung und vielem mehr zu unterstützen. Die beiden ergänzen sich perfekt. Und was noch wichtiger ist: Sie haben eine Menge Spaß dabei. "Kochen unter dem Radar - von Nerds für Nerds" ist von A - Z, beziehungsweise von 1 bis 42 ihr Baby.

Doch genug geschwafelt. Gehen wir gemeinsam in die Küche und probieren eines der vielen Rezepte aus! Sie sind alle von Menschen handgemacht und das mit viel Liebe zum Detail. Das Team von **tarnkappe.info** und die C00king Haxx0rs wünschen viel Spaß beim Kochen.

~$ Kochen unter dem Radar
{Von Nerds für Nerds}

TCHS Terminal

File   Edit   View   Search   Terminal   Help

`c00king@haxx0rs:~$ less Zutaten.txt`

☆ Himmel und Äd mit Flönz
   (Himmel und Erde mit Blutwurst)

👥 Zutaten für 4 Personen:

- ○ 1 kg mehligkochende Kartoffeln
- ○ 250 ml Milch
- ○ 50 g Butter
- ○ Salz, Muskatnuss
- ○ 500 g Blutwurst
- ○ 2 Zwiebeln
- ○ 4 Äpfel
- ○ 100 ml Apfelsaft
- ○ 2 EL Zucker
- ○ 1 TL Zitronensaft
- ○ 1 Prise Zimt
- ○ 1 Tasse Mehl

Image Viewer

File Edit View Search Terminal Help

`c00king@haxx0rs:~$ qview -f FoodPornPic.png`

Bildquelle: @G3BC

Diagramm Task

File Edit View Search Terminal Help

`c00king@haxx0rs:~$ ps -C Diagramm_Nährwerte_pro_Portion`

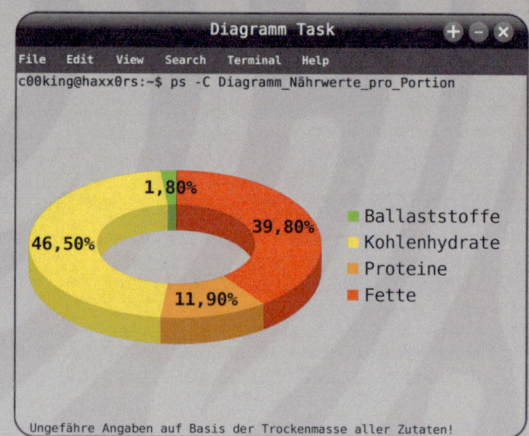

- 🟩 Ballaststoffe
- 🟨 Kohlenhydrate
- 🟧 Proteine
- 🟥 Fette

1,80%
39,80%
46,50%
11,90%

Ungefähre Angaben auf Basis der Trockenmasse aller Zutaten!

Nährwerte Task

File Edit View Search Terminal Help

`c00king@haxx0rs:~$ ps -C Nährwerte_pro_Portion`

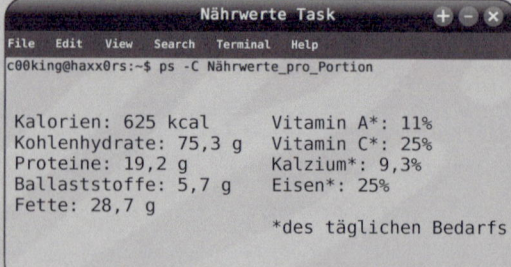

Kalorien: 625 kcal   Vitamin A*: 11%
Kohlenhydrate: 75,3 g Vitamin C*: 25%
Proteine: 19,2 g   Kalzium*: 9,3%
Ballaststoffe: 5,7 g Eisen*: 25%
Fette: 28,7 g

*des täglichen Bedarfs

~$ Kochen unter dem Radar
{Von Nerds für Nerds}

TCHS Terminal

File   Edit   View   Search   Terminal   Help

`c00king@haxx0rs:~$ less Zubereitung.txt`

🕐 Zubereitungszeit: ca. 60 Minuten

1. Kartoffeln schälen und in Salzwasser gar kochen.

2. Milch erhitzen und mit Butter, Salz und Muskatnuss abschmecken.

3. Kartoffeln abgießen und stampfen.

4. Milchmischung unter die Kartoffeln rühren, bis ein cremiges Püree entsteht.

5. Blutwurst in Scheiben schneiden mit Mehl panieren und in etwas Öl anbraten.

6. Zwiebeln schälen und in Scheiben schneiden und in etwas Öl dünsten.

7. Äpfel schälen, vierteln und entkernen. Apfelsaft, Zucker, Zitronensaft und Zimt in einem Topf erhitzen.

9. Äpfel hinzufügen und ca. 10 Minuten köcheln lassen.

10. Hitze reduzieren und das Apfelkompott bei mittlerer Hitze etwa 10-15 Minuten köcheln lassen, bis die Äpfel weich sind.

♟ Serviervorschlag: Verteile eine großzügige Portion Kartoffelpüree in der Mitte des Teller. Positionieren die Scheiben der Blutwurst auf dem Kartoffelpüree. Darüber die gedünsteten Zwiebeln geben. Löffel das Apfel-kompott großzügig über die Blutwurst und dem Kartoffelpüree. Garnieren das Gericht optional mit frischen Kräutern wie Petersilie oder Schnittlauch.

Guten Appetit!

Info Terminal

File   Edit   View   Search   Terminal   Help

`c00king@haxxors:~$ less Info.txt`

"Himmel und Äd mit Flönz" ist ein traditionelles Gericht aus dem Rheinland in Deutschland. Der Name "Himmel und Erde" bezieht sich auf die beiden Haupt-bestandteile: Äpfel, die vom Baum, also aus dem "Himmel", stammen, und Kar-toffeln, die aus der "Erde" kommen. "Flönz" ist der rheinische Begriff für Blutwurst, die dem Gericht eine herzhafte Note verleiht. Dieses Gericht sym-bolisiert die regionale Küche, die für ihre einfachen, aber geschmackvollen und sättigenden Mahlzeiten bekannt ist. Es ist ein typisches Beispiel für die deutsche Hausmannskost, die lokale und saisonale Zutaten in den Vordergrund stellt. Besonders in Köln und Umgebung ist "Himmel und Äd" ein fester Be-standteil der kulinarischen Kultur und wird oft in traditionellen Brauhäusern serviert.

~$ Kochen unter dem Radar
{Von Nerds für Nerds}

TCHS Terminal

File   Edit   View   Search   Terminal   Help

`c00king@haxx0rs:~$ less Zutaten.txt`

☆ Pasta mit Garnelen

👥 Zutaten für 4 Personen:

- 400 g Pasta (z.B. Fusilli)
- 300 g Garnelen, geschält
- 1 rote Paprika, gewürfelt
- 1 gelbe Paprika, gewürfelt
- 200 g Cherrytomaten, halbiert
- 2 Knoblauchzehen, gehackt
- 3 EL Olivenöl
- 1 TL Paprikapulver
- Salz und Pfeffer nach Geschmack
- 1 TL getrockneter Oregano
- 1 EL gehackte Petersilie

Image Viewer

File   Edit   View   Search   Terminal   Help

`c00king@haxx0rs:~$ qview -f FoodPornPic.png`

Bildquelle: @Deathrow

Diagramm Task

File   Edit   View   Search   Terminal   Help

`c00king@haxx0rs:~$ ps -C Diagramm_Nährwerte_pro_Portion`

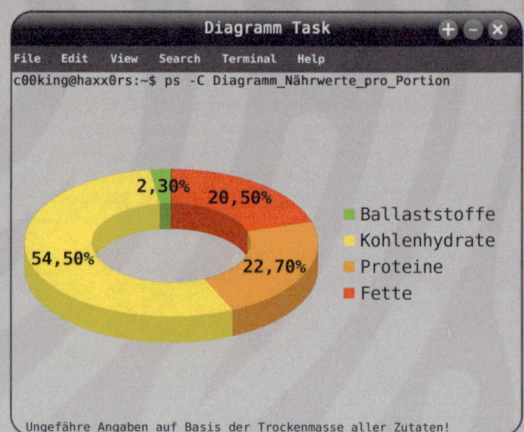

- 🟩 Ballaststoffe
- 🟨 Kohlenhydrate
- 🟧 Proteine
- 🟥 Fette

2,30%   20,50%   22,70%   54,50%

Ungefähre Angaben auf Basis der Trockenmasse aller Zutaten!

Nährwerte Task

File   Edit   View   Search   Terminal   Help

`c00king@haxx0rs:~$ ps -C Nährwerte_pro_Portion`

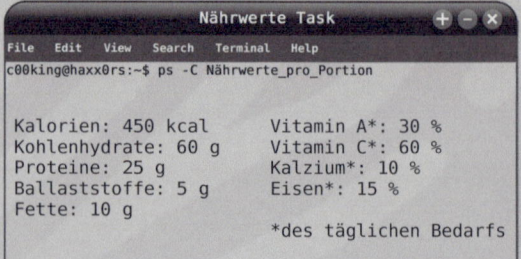

Kalorien: 450 kcal	Vitamin A*: 30 %
Kohlenhydrate: 60 g	Vitamin C*: 60 %
Proteine: 25 g	Kalzium*: 10 %
Ballaststoffe: 5 g	Eisen*: 15 %
Fette: 10 g	

*des täglichen Bedarfs

~$ Kochen unter dem Radar
{Von Nerds für Nerds}

TCHS Terminal

File   Edit   View   Search   Terminal   Help

c00king@haxx0rs:~$ less Zubereitung.txt

🕓 Zubereitungszeit: 30 Minuten

1. Pasta nach Packungsanleitung in Salzwasser kochen. Abgießen und beiseite stellen.

2. In einer großen Pfanne das Olivenöl erhitzen. Knoblauch hinzufügen und kurz anbraten.

3. Garnelen hinzufügen und für 3-4 Minuten anbraten, bis sie rosa werden. Aus der Pfanne nehmen und beiseite stellen.

4. In der gleichen Pfanne die gewürfelten Paprika und die Cherrytomaten anbraten, bis sie weich sind.

5. Garnelen zurück in die Pfanne geben und alles gut vermischen. Mit Paprikapulver, Oregano, Salz und Pfeffer würzen.

6. Die gekochte Pasta hinzufügen und alles gut vermengen, bis die Pasta gleichmäßig mit der Sauce bedeckt ist.

7. Mit gehackter Petersilie bestreuen und servieren.

♨ Serviervorschlag: Mit geriebenem Parmesan und frischem Basilikum garnieren.

Guten Appetit!

Info Terminal

File   Edit   View   Search   Terminal   Help

c00king@haxxors:~$ less Info.txt

"Pasta mit Garnelen" ist ein Gericht, das die mediterrane Küche widerspiegelt, insbesondere die italienische und spanische Kochtradition. Pasta, ein Grund-nahrungsmittel Italiens, wird hier mit Garnelen kombiniert, die an die Küsten-traditionen und die Liebe zum Meer erinnern. Die Verwendung von Paprika und Cherrytomaten bringt Farben und Frische in das Gericht, während Knoblauch und Olivenöl die typischen Aromen der mediterranen Küche hervorheben. Diese Kombination spiegelt die kulinarische Philosophie der mediterranen Re-gion wider, die auf Einfachheit, Qualität der Zutaten und harmonische Aromen setzt. "Pasta mit Garnelen" ist nicht nur ein Genuss für den Gaumen, sondern auch eine Reise durch die mediterranen Küstenregionen, die für ihre gesunde und geschmackvolle Küche bekannt sind.

~$ Kochen unter dem Radar
{Von Nerds für Nerds}

TCHS Terminal ⊕ ⊖ ✕

File   Edit   View   Search   Terminal   Help

c00king@haxx0rs:~$ less Zutaten.txt

☆ Dorade im Ofen dazu gemischter Salat

⚤ Zutaten für 1 Person:

- ○ 1 frische Dorade
- ○ 2 EL Olivenöl
- ○ 1 Zitrone
- ○ 1 TL Salz
- ○ 1 TL Pfeffer
- ○ 2 Knoblauchzehen
- ○ 1 TL Thymian
- ○ 1 TL Rosmarin
- ○ 100 g Salatmix
- ○ 1 rote Paprika
- ○ 1/2 Gurke
- ○ 2 EL Essig
- ○ 2 EL Olivenöl (für den Salat)

Image Viewer ⊕ ⊖ ✕

File   Edit   View   Search   Terminal   Help

c00king@haxx0rs:~$ qview -f FoodPornPic.png

Bildquelle: @Deathrow

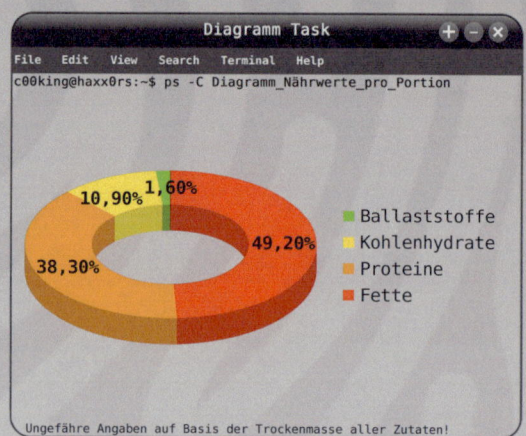

Diagramm Task ⊕ ⊖ ✕

File   Edit   View   Search   Terminal   Help

c00king@haxx0rs:~$ ps -C Diagramm_Nährwerte_pro_Portion

- 1,60%
- 10,90%
- 49,20%
- 38,30%

■ Ballaststoffe
■ Kohlenhydrate
■ Proteine
■ Fette

Ungefähre Angaben auf Basis der Trockenmasse aller Zutaten!

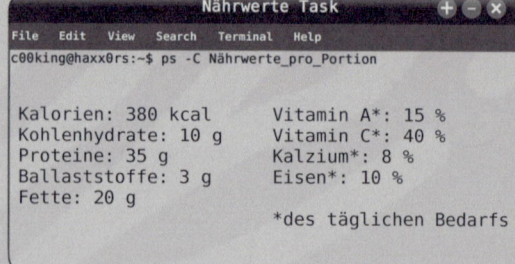

Nährwerte Task ⊕ ⊖ ✕

File   Edit   View   Search   Terminal   Help

c00king@haxx0rs:~$ ps -C Nährwerte_pro_Portion

Kalorien: 380 kcal   Vitamin A*: 15 %
Kohlenhydrate: 10 g   Vitamin C*: 40 %
Proteine: 35 g   Kalzium*: 8 %
Ballaststoffe: 3 g   Eisen*: 10 %
Fette: 20 g

*des täglichen Bedarfs

TCHS Terminal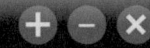

File   Edit   View   Search   Terminal   Help

`c00king@haxx0rs:~$ less Zubereitung.txt`

🕐 Zubereitungszeit: ca. 40 Minuten

1. Den Backofen auf 200 Grad Celsius vorheizen. Die Dorade waschen und trocken tupfen. Mit Salz und Pfeffer von innen und außen würzen.

2. Die Zitrone in Scheiben schneiden, den Knoblauch hacken. Die Dorade mit Zitronenscheiben, Knoblauch, Thymian und Rosmarin füllen. Mit Olivenöl bestreichen und auf ein Backblech legen.

3. Die Dorade im vorgeheizten Backofen für etwa 25-30 Minuten backen, bis sie goldbraun ist.

4. In der Zwischenzeit den Salat vorbereiten. Salatmix, gewürfelte Paprika und Gurke in einer Schüssel vermengen. Mit Essig, Olivenöl, Salz und Pfeffer abschmecken.

♟ Serviervorschlag: Die gebackene Dorade mit Zitronenscheiben und dem gemischten Salat anrichten.

Guten Appetit!

Info Terminal

File   Edit   View   Search   Terminal   Help

`c00king@haxxors:~$ less Info.txt`

"Dorade im Ofen mit gemischtem Salat" ist ein Gericht, das die Essenz der mediterranen Küche verkörpert. Die Dorade, ein beliebter Fisch im Mittelmeerraum, wird oft in Ländern wie Griechenland, Italien und Spanien zubereitet. Die Verwendung von Olivenöl, Zitronensaft, Knoblauch, Thymian und Rosmarin spiegelt die typischen Zutaten und Gewürze wider, die in der mediterranen Küche allgegenwärtig sind. Der begleitende Salat aus frischen Zutaten wie Salatmix, Paprika und Gurke, angemacht mit Essig und Olivenöl, ergänzt den Fisch perfekt und bringt zusätzliche Frische und Leichtigkeit auf den Teller. Dieses Gericht steht für eine gesunde und ausgewogene Ernährung und die traditionelle mediterrane Lebensweise repräsentiert, die für ihren unver-wechselbaren Geschmack geschätzt wird.

~$ Kochen unter dem Radar
{Von Nerds für Nerds}

TCHS Terminal

File   Edit   View   Search   Terminal   Help

`c00king@haxx0rs:~$ less Zutaten.txt`

☆ Garnelen mit Curry

⚇ Zutaten für 4 Personen:

- O 400 g Garnelen
- O 2 Karotten
- O 1 große Kartoffel
- O 1 Zwiebel
- O 2 Knoblauchzehen
- O 1 Dose Kokosmilch (400 ml)
- O 2 EL gelbe Currypaste
- O 2 EL Pflanzenöl
- O Salz und Pfeffer nach Geschmack
- O Frischer Koriander zum Garnieren

Image Viewer

File   Edit   View   Search   Terminal   Help

`c00king@haxx0rs:~$ qview -f FoodPornPic.png`

Bildquelle: @Benj

Diagramm Task

File   Edit   View   Search   Terminal   Help

`c00king@haxx0rs:~$ ps -C Diagramm_Nährwerte_pro_Portion`

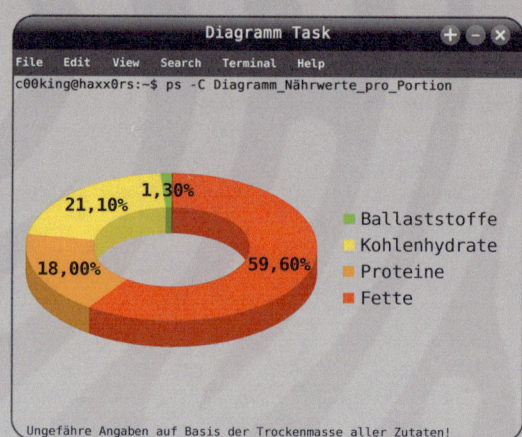

1,30%
21,10%
18,00%
59,60%

- 🟩 Ballaststoffe
- 🟨 Kohlenhydrate
- 🟧 Proteine
- 🟥 Fette

Ungefähre Angaben auf Basis der Trockenmasse aller Zutaten!

Nährwerte Task

File   Edit   View   Search   Terminal   Help

`c00king@haxx0rs:~$ ps -C Nährwerte_pro_Portion`

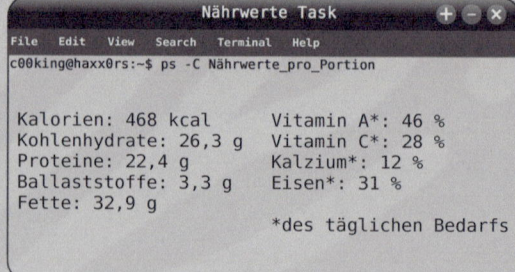

Kalorien: 468 kcal   Vitamin A*: 46 %
Kohlenhydrate: 26,3 g   Vitamin C*: 28 %
Proteine: 22,4 g   Kalzium*: 12 %
Ballaststoffe: 3,3 g   Eisen*: 31 %
Fette: 32,9 g

*des täglichen Bedarfs

~$ Kochen unter dem Radar
{Von Nerds für Nerds}

File   Edit   View   Search   Terminal   Help

c00king@haxx0rs:~$ less Zubereitung.txt

⏱ Zubereitungszeit: ca. 30 Minuten

1. Erhitze das Pflanzenöl in einer großen Pfanne bei mittlerer Hitze.

2. Füge die gehackte Zwiebel und den Knoblauch hinzu und brate sie an, bis sie weich und duftend sind.

3. Gib die Currypaste hinzu und brate sie für etwa 1-2 Minuten mit den Zwiebeln und dem Knoblauch an.

4. Füge die Karotten- und Kartoffelwürfel hinzu und brate sie für etwa 5 Minuten, bis sie leicht weich sind.

5. Gieße die Kokosmilch in die Pfanne und rühre gut um, bis sich die Currypaste vollständig aufgelöst hat.

6. Lass das Ganze bei mittlerer Hitze etwa 15 Minuten köcheln, bis das Gemüse weich ist.

7. Füge die Garnelen hinzu und koche sie für weitere 5 Minuten, bis sie gar sind.

8. Schmecke das Curry mit Salz und Pfeffer ab.

9. Garniere das Curry mit frischem Koriander und serviere es heiß mit Reis oder Naan-Brot.

♟ Serviervorschlag: Das Curry heiß mit gedämpftem Jasminreis oder warmem Naan-Brot servieren und mit frischem Koriander und Limettenscheiben für einen zusätzlichen Frischekick garnieren.

Guten Appetit!

Info Terminal

File   Edit   View   Search   Terminal   Help

c00king@haxxors:~$ less Info.txt

"Garnelen mit Curry" ist ein Gericht, das die kulinarischen Traditionen Südostasiens, insbesondere Thailands und Indiens, widerspiegelt. Garnelen sind ein beliebtes Meeresfrüchte-Element in der asiatischen Küche, oft verwendet aufgrund ihres zarten Geschmacks und ihrer schnellen Kochzeit. Die Verwendung von gelber Currypaste und Kokosmilch ist typisch für die thailändische Küche, die bekannt ist für ihre reichen, aromatischen und leicht süßlichen Currys. Karotten und Kartoffeln ergänzen das Gericht mit ihrer natürlichen Süße und Textur, während Zwiebeln und Knoblauch die Basisaromen verstärken. Das Hinzufügen von frischem Koriander als Garnitur bringt eine erfrischende Note, die das Gericht harmonisch abrundet. "Garnelen mit Curry" verkörpert die Balance zwischen Schärfe, Süße und Frische.

~$ Kochen unter dem Radar
{Von Nerds für Nerds}

TCHS Terminal ⊕ ⊖ ⊗

File   Edit   View   Search   Terminal   Help

`c00king@haxx0rs:~$ less Zutaten.txt`

☆ Senfeier mit Kartoffeln
(nach Omas Rezept)

👥 Zutaten für 2 Personen:

○ 10 g Butter
○ 1 EL Weizenmehl
○ 150 ml Milch
○ 50 ml Wasser
○ 4 - 6 EL Senf (je nach
Geschmack auch etwas mehr)
○ 1 - 2 TL Zucker
○ 2 Eier
○ 6 mittelgroße Kartoffeln
○ Salz
○ optional Gemüsebrühe und/oder
Muskatnuss

Image Viewer ⊕ ⊖ ⊗

File   Edit   View   Search   Terminal   Help

`c00king@haxx0rs:~$ qview -f FoodPornPic.png`

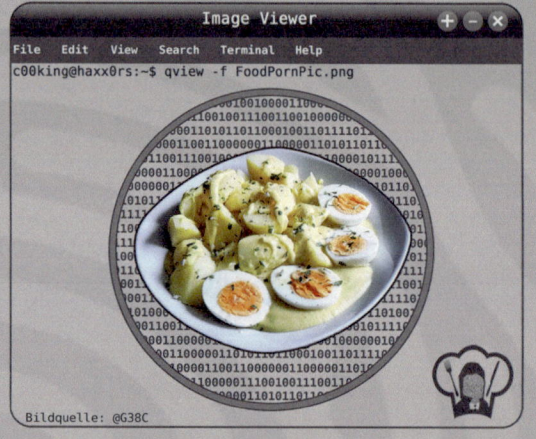

Bildquelle: @G38C

Diagramm Task ⊕ ⊖ ⊗

File   Edit   View   Search   Terminal   Help

`c00king@haxx0rs:~$ ps -C Diagramm_Nährwerte_pro_Portion`

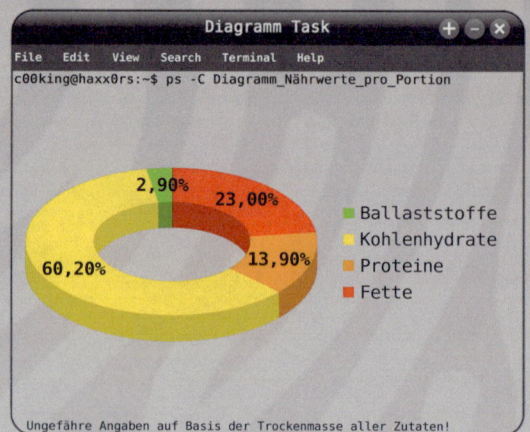

- 🟩 Ballaststoffe
- 🟨 Kohlenhydrate
- 🟧 Proteine
- 🟥 Fette

Ungefähre Angaben auf Basis der Trockenmasse aller Zutaten!

Nährwerte Task ⊕ ⊖ ⊗

File   Edit   View   Search   Terminal   Help

`c00king@haxx0rs:~$ ps -C Nährwerte_pro_Portion`

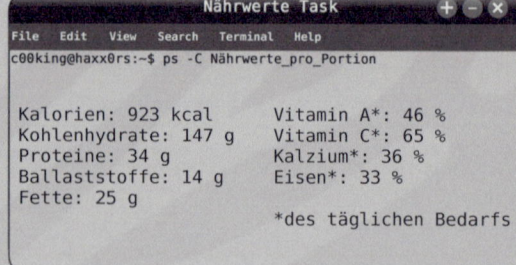

Kalorien: 923 kcal   Vitamin A*: 46 %
Kohlenhydrate: 147 g   Vitamin C*: 65 %
Proteine: 34 g   Kalzium*: 36 %
Ballaststoffe: 14 g   Eisen*: 33 %
Fette: 25 g

*des täglichen Bedarfs

~$ Kochen unter dem Radar
{Von Nerds für Nerds}

TCHS Terminal

File   Edit   View   Search   Terminal   Help

c00king@haxx0rs:~$ less Zubereitung.txt

🕑 Zubereitungszeit: ca. 30 Minuten

1. Die Kartoffeln schälen und in einem großen Topf mit Salzwasser ca.
   20 Minuten kochen, bis sie weich sind. Abgießen und warm halten.

2. Die Eier in einem separaten Topf etwa 7-10 Minuten kochen. Danach die Eier
   abschrecken, schälen und halbieren oder vierteln.

3. Einen Topf erhitzen und die Butter darin schmelzen. Das Mehl einrühren und
   gut vermischen, bis eine glatte Paste entsteht. Unter ständigem Rühren
   nach und nach das Milch-Wasser-Gemisch hinzufügen, bis nach dem Aufkochen
   die gewünschte Konsistenz erreicht ist und die Sauce dick genug wird.

4. Senf und Zucker in die Sauce einrühren. Nach Geschmack mehr Senf
   hinzufügen. Optional: Mit Muskatnuss und/oder etwas Gemüsebrühe abschmecken.

5. Die Sauce erneut kurz aufkochen lassen, dann die Hitze reduzieren und kurz
   ziehen lassen.

♟ Serviervorschlag: Die gekochten Kartoffeln auf einem Teller verteilen, die
   Eier -hälften oder -vierteln und daneben anrichten. Großzügig Senfsauce
   über die Eier und Kartoffeln geben.

   Guten Appetit!

Info Terminal

File   Edit   View   Search   Terminal   Help

c00king@haxxors:~$ less Info.txt

Viele traditionelle Gerichte, wie Eier in Senfsoße, stammen aus Zeiten, als
die Küche einfacher war. Sie wurden von Generation zu Generation
weitergegeben und spiegeln oft regionale Zutaten wider. Obwohl sie heute
manchmal altmodisch wirken, haben sie kulturelle Bedeutung. Sie bieten
Einblick in die Geschichte, stärken familiäre Bindungen und basieren oft auf
nachhaltigen, regionalen Zu-taten. Traditionelle Gerichte sind
nährstoffreich, ausgewogen und schmackhaft, bieten Abwechslung zu
industriellen Lebensmitteln und helfen, kulturelle Identität zu bewahren
sowie Bewusstsein für nachhaltige und gesunde Ernährung zu fördern.

~$ Kochen unter dem Radar
{Von Nerds für Nerds}

TCHS Terminal [+] [−] [×]

File   Edit   View   Search   Terminal   Help

`c00king@haxx0rs:~$ less Zutaten.txt`

☆ Hähnchen-Ananas-Curry mit Reis

👥 Zutaten für 4 Personen:

- 400 g Hähnchenfilets oder Hähnchengeschnetzeltes
- 1 kl. Dose Ananasstücke
- 1 Becher Sahne (200ml)
- 200 g Sahneschmelzkäse
- 2 - 4 Frühlingszwiebeln, in feine Ringe geschnitten
- 2 Knoblauchzehen, durchgepresst
- 2 EL Honig
- 3 - 5 TL Currypulver
- 1 - 2 TL Hühnerbrühe oder Gemüsebrühe, instant
- 2 Beutel Reis
- Öl, Salz, Pfeffer & Chili

Image Viewer [+] [−] [×]

File   Edit   View   Search   Terminal   Help

`c00king@haxx0rs:~$ qview -f FoodPornPic.png`

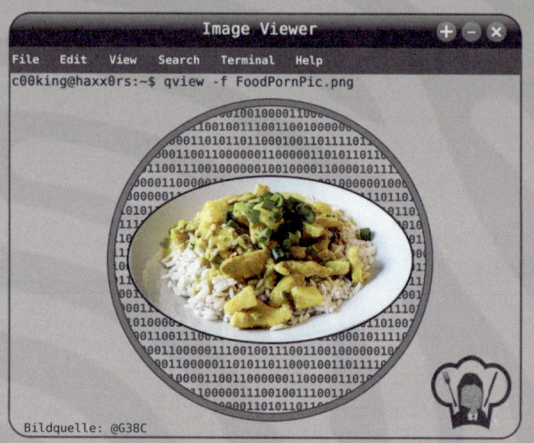

Bildquelle: @G38C

Diagramm Task [+] [−] [×]

File   Edit   View   Search   Terminal   Help

`c00king@haxx0rs:~$ ps -C Diagramm_Nährwerte_pro_Portion`

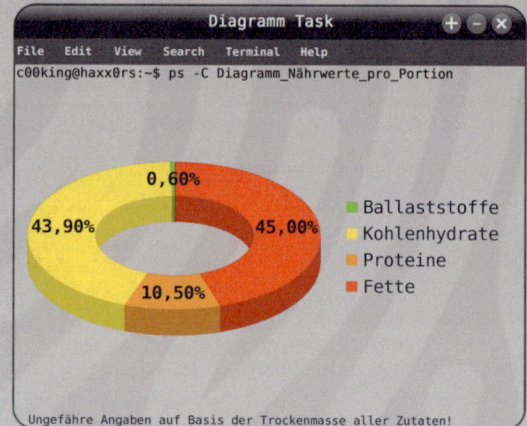

0,60%
43,90%
45,00%
10,50%

- 🟩 Ballaststoffe
- 🟨 Kohlenhydrate
- 🟧 Proteine
- 🟥 Fette

Ungefähre Angaben auf Basis der Trockenmasse aller Zutaten!

Nährwerte Task [+] [−] [×]

File   Edit   View   Search   Terminal   Help

`c00king@haxx0rs:~$ ps -C Nährwerte_pro_Portion`

Kalorien: 647 kcal
Kohlenhydrate: 71 g
Proteine: 16.9 g
Ballaststoffe: 2 g
Fette: 32.3 g

Vitamin A*: 34 %
Vitamin C*: 10 %
Kalzium*: 21 %
Eisen*: 9 %

*des täglichen Bedarfs

~$ Kochen unter dem Radar
{Von Nerds für Nerds}

TCHS Terminal

File   Edit   View   Search   Terminal   Help

`c00king@haxx0rs:~$ less Zubereitung.txt`

🕐 Zubereitungszeit: ca. 30 Minuten

1. Hähnchenfilets in Stückchen schneiden. Mit etwas Öl in der Pfanne
   anbraten. Wenn es leicht Farbe bekommt, den Honig dazu geben.

2. Frühlingszwiebeln in feine Ringe schneiden und den gepressten Knoblauch
   dazu, kurz mit anschwitzen.

3. Die Ananas abtropfen lassen und den Saft auffangen, dann die Ananasstücke
   mit in die Pfanne geben und auch kurz mit anschwitzen.

4. Den Curry dazu geben und kurz alles durchrösten. Mit Sahne ablöschen.
   Den Schmelzkäse in Stückchen dazu geben und schmelzen lassen.

5. Alles aufkochen lassen, mit Salz, Pfeffer, Curry, Instantbrühe, etwas
   gemahlenem Chili und dem Ananassaft abschmecken.

6. Den Reis nach Packungsanleitung kochen.

🍴 Serviervorschlag: Das Hähnchen-Ananas-Curry heiß auf Reis servieren und
   mit ein paar geschnittenen Ringe Frühlingszwiebel garnieren.

   Guten Appetit!

Info Terminal

File   Edit   View   Search   Terminal   Help

`c00king@haxxors:~$ less Info.txt`

Das Hähnchen-Ananas-Curry mit Reis ist ein Gericht, das die Aromen und
Kochtechniken verschiedener Kulturen kombiniert. Ursprünglich inspiriert von
der thailändischen und indischen Küche, verbindet es die süße Säure der
Ananas mit der cremigen Textur von Sahne und Schmelzkäse, was typisch für
westliche Anpassungen asiatischer Gerichte ist. Currypulver, eine britische
Kreation, die indische Gewürze vereinfacht, bringt Wärme und Tiefe.
Frühlingszwiebeln und Knoblauch verstärken die Frische und Würze. Reis, ein
Grundnahrungsmittel in Asien, dient als perfekte Beilage, um die reichhaltige
Sauce aufzunehmen. Dieses Rezept zeigt die globale kulinarische Verschmelzung
und die Anpassung traditioneller Rezepte an lokale Geschmäcker und Zutaten.

~$ Kochen unter dem Radar
{Von Nerds für Nerds}

TCHS Terminal

File   Edit   View   Search   Terminal   Help

`c00king@haxx0rs:~$ less Zutaten.txt`

☆ Putenschnitzel in BBQ-Marinade
  mit Pellkartoffeln und
  Blumenkohl in einer Ajvar-Sosse

⚇ Zutaten für 4 Personen:

○ 4 Putenschnitzel
○ 200 ml BBQ-Marinade
○ 1 kg Kartoffeln
○ 500 g Blumenkohl
○ 200 g Ajvar
○ 2 EL Olivenöl
○ Salz und Pfeffer

Image Viewer

File   Edit   View   Search   Terminal   Help

`c00king@haxx0rs:~$ qview -f FoodPornPic.png`

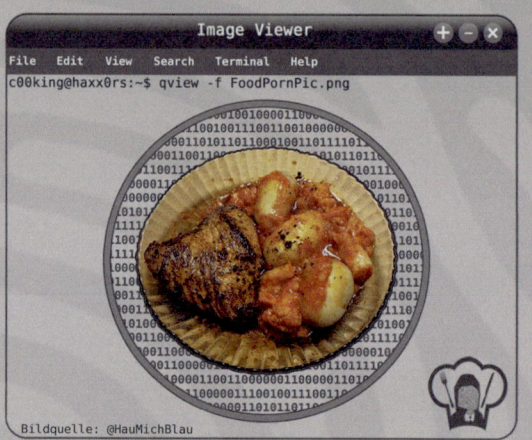

Bildquelle: @HauMichBlau

Diagramm Task

File   Edit   View   Search   Terminal   Help

`c00king@haxx0rs:~$ ps -C Diagramm_Nährwerte_pro_Portion`

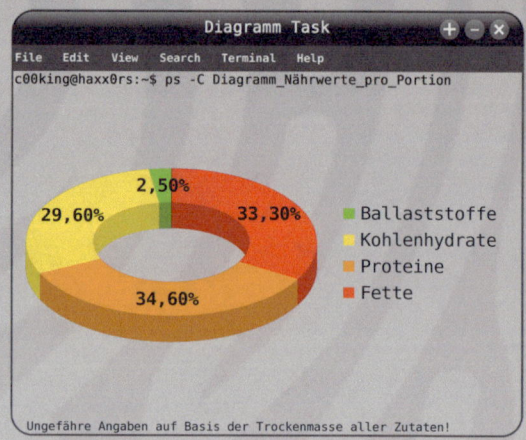

2,50%
29,60%
33,30%
34,60%

- 🟩 Ballaststoffe
- 🟨 Kohlenhydrate
- 🟧 Proteine
- 🟥 Fette

Ungefähre Angaben auf Basis der Trockenmasse aller Zutaten!

Nährwerte Task

File   Edit   View   Search   Terminal   Help

`c00king@haxx0rs:~$ ps -C Nährwerte_pro_Portion`

Kalorien: 450 kcal   Vitamin A*: 10 %
Kohlenhydrate: 30 g   Vitamin C*: 30 %
Proteine: 35 g   Kalzium*: 6 %
Ballaststoffe: 5 g   Eisen*: 15 %
Fette: 15 g

*des täglichen Bedarfs

~$ Kochen unter dem Radar
{Von Nerds für Nerds}

TCHS Terminal

File   Edit   View   Search   Terminal   Help

`c00king@haxx0rs:~$ less Zubereitung.txt`

🕒 Zubereitungszeit: ca. 45 Minuten

1. Putenschnitzel in der BBQ-Marinade marinieren und im Kühlschrank ca.
   30 Minuten ziehen lassen.

2. Kartoffeln in einem großen Topf mit Wasser zum Kochen bringen und ca.
   20 Minuten garen, bis sie weich sind.

3. Blumenkohl in Röschen teilen und in Salzwasser ca. 10 Minuten kochen,
   bis er gar ist.

4. Olivenöl in einer Pfanne erhitzen und die marinierten Putenschnitzel von
   beiden Seiten scharf anbraten. Danach bei mittlerer Hitze ca. 10 Minuten
   weitergaren.

5. Ajvar in einem kleinen Topf erhitzen und Blumenkohlröschen hinzufügen.
   Mit Salz und Pfeffer abschmecken.

🍽 Serviervorschlag: Die Putenschnitzel mit den Pellkartoffeln und dem Ajvar-
   Blumenkohl auf Tellern anrichten und sofort servieren.

   Guten Appetit!

Info Terminal

File   Edit   View   Search   Terminal   Help

`c00king@haxxors:~$ less Info.txt`

Das Gericht "Putenschnitzel in BBQ-Marinade mit Pellkartoffeln und Blumenkohl
in einer Ajvar-Sosse" vereint einfache Zutaten mit intensiven Aromen. Die
BBQ-Marinade verleiht dem Putenschnitzel einen rauchigen Geschmack, während
der Blumenkohl in Ajvar-Sosse eine würzige Note hinzufügt. Dieses Gericht ist
ein Beispiel für moderne Hausmannskost, die mit wenig Aufwand zubereitet
werden kann. Die Zutaten sind das ganze Jahr über erhältlich, wobei frischer
Blumen-kohl und neue Kartoffeln in der Saison besonders aromatisch sind.
Ein leichtes, sättigendes Gericht, ideal für ein schnelles Abendessen.

~$ Kochen unter dem Radar
{Von Nerds für Nerds}

TCHS Terminal

File   Edit   View   Search   Terminal   Help

```
c00king@haxx0rs:~$ less Zutaten.txt
```

☆ Shepherds Pie

⚇ Zutaten für 4 Personen:

- 500g Hackfleisch
- 1 große Zwiebel, gewürfelt
- 1 Tasse Erbsen
- 1 Tasse Mais
- 2 EL Tomatenmark
- 250ml Gemüsebrühe
- 2 EL Mehl
- 100ml Rotwein
- Worcester-Sauce, Salz, Pfeffer
- 1 kg Kartoffeln
- 50g Butter
- 100ml Milch

Image Viewer

File   Edit   View   Search   Terminal   Help

```
c00king@haxx0rs:~$ qview -f FoodPornPic.png
```

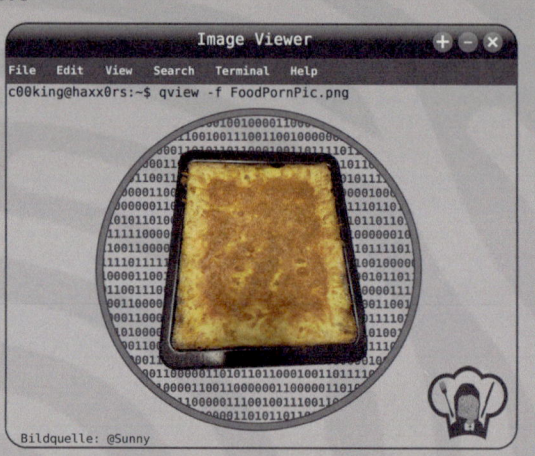

Bildquelle: @Sunny

Diagramm Task

File   Edit   View   Search   Terminal   Help

```
c00king@haxx0rs:~$ ps -C Diagramm_Nährwerte_pro_Portion
```

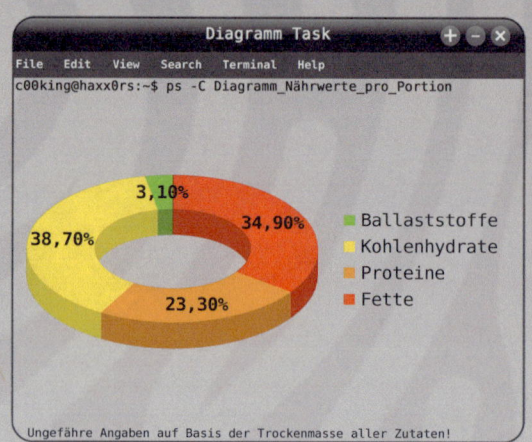

3,10%
34,90%
38,70%
23,30%

- 🟩 Ballaststoffe
- 🟨 Kohlenhydrate
- 🟧 Proteine
- 🟥 Fette

Ungefähre Angaben auf Basis der Trockenmasse aller Zutaten!

Nährwerte Task

File   Edit   View   Search   Terminal   Help

```
c00king@haxx0rs:~$ ps -C Nährwerte_pro_Portion
```

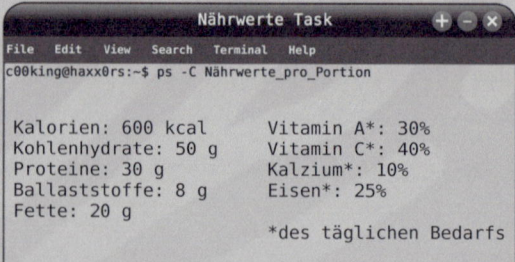

Kalorien: 600 kcal   Vitamin A*: 30%
Kohlenhydrate: 50 g   Vitamin C*: 40%
Proteine: 30 g   Kalzium*: 10%
Ballaststoffe: 8 g   Eisen*: 25%
Fette: 20 g

*des täglichen Bedarfs

~$ Kochen unter dem Radar
{Von Nerds für Nerds}

File   Edit   View   Search   Terminal   Help

`c00king@haxx0rs:~$ less Zubereitung.txt`

🕒 Zubereitungszeit: 60 Minuten

1. Kartoffeln schälen, kochen und zu Püree verarbeiten. Mit Butter und Milch vermengen.

2. Hackfleisch und Zwiebeln anbraten, mit Mehl bestäuben und mit Rotwein ablöschen. Tomatenmark, Gemüsebrühe, Erbsen und Mais hinzugeben. Würzen und einkochen lassen.

3. Fleisch-Gemüse-Mischung in eine Auflaufform geben, mit Kartoffelpüree bedecken und im Ofen bei 200°C goldbraun backen.

🤖 Serviervorschlag: Mit einem grünen Salat servieren.

   Guten Appetit!

Info Terminal

File   Edit   View   Search   Terminal   Help

`c00king@haxxors:~$ less Info.txt`

Shepherd's Pie ist ein traditionelles britisches Gericht aus Lammhackfleisch und Kartoffelpüree. Der Name leitet sich von Schafhirten ab, da ursprünglich nur Lammfleisch verwendet wurde. Eine Variante mit Rindfleisch wird Cottage Pie genannt. Das Gericht stammt aus dem 18. Jahrhundert und wurde entwickelt, um Fleisch- und Kartoffelreste zu verwerten. Es ist in Großbritannien und Irland beliebt und gilt als Hausmannskost. Zutaten variieren regional und saisonal. Im Winter wird häufig Wurzelgemüse verwendet, im Sommer grüne Bohnen und Erbsen. Shepherd's Pie symbolisiert die britische und irische Küche und ist ein fester Bestandteil von Familienessen und Pubs.

~$ Kochen unter dem Radar
{Von Nerds für Nerds}

TCHS Terminal ⊕ ⊖ ⊗

File   Edit   View   Search   Terminal   Help

`c00king@haxx0rs:~$ less Zutaten.txt`

☆ Burger im Blockhouse Knoblauch Baguette mit Rotkraut Salat und Blauschimmelkäse

⚤ Zutaten für 4 Personen:

○ 4 Blockhouse Knoblauch Baguettes
○ 800 g Rinderhackfleisch
○ 200 g Blauschimmelkäse
○ 200 g Rotkrautsalat
○ 100 g gebratene Champignons
○ 8 Scheiben Tomaten
○ 8 Scheiben Gurken
○ 8 Scheiben Zwiebeln
○ 200 g Coleslaw
○ 200 g Bohnensalat
○ Salz und Pfeffer
○ Öl zum Braten

Image Viewer ⊕ ⊖ ⊗

File   Edit   View   Search   Terminal   Help

`c00king@haxx0rs:~$ qview -f FoodPornPic.png`

Bildquelle: @Rainer_Zufall

Diagramm Task ⊕ ⊖ ⊗

File   Edit   View   Search   Terminal   Help

`c00king@haxx0rs:~$ ps -C Diagramm_Nährwerte_pro_Portion`

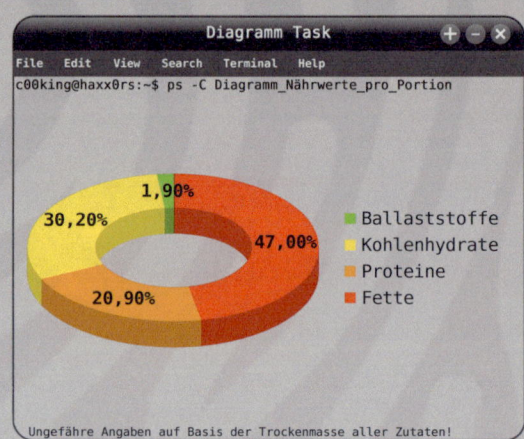

- 🟩 Ballaststoffe — 1,90%
- 🟨 Kohlenhydrate — 30,20%
- 🟧 Proteine — 20,90%
- 🟥 Fette — 47,00%

Ungefähre Angaben auf Basis der Trockenmasse aller Zutaten!

Nährwerte Task ⊕ ⊖ ⊗

File   Edit   View   Search   Terminal   Help

`c00king@haxx0rs:~$ ps -C Nährwerte_pro_Portion`

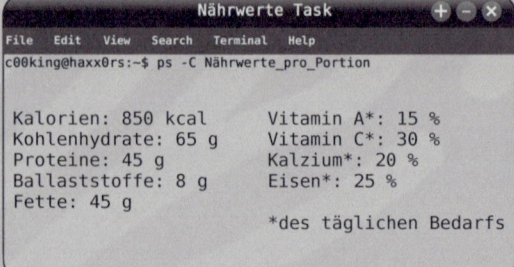

Kalorien: 850 kcal   Vitamin A*: 15 %
Kohlenhydrate: 65 g   Vitamin C*: 30 %
Proteine: 45 g   Kalzium*: 20 %
Ballaststoffe: 8 g   Eisen*: 25 %
Fette: 45 g

*des täglichen Bedarfs

~$ Kochen unter dem Radar
{Von Nerds für Nerds}

TCHS Terminal ➕ ➖ ✖

File   Edit   View   Search   Terminal   Help

c00king@haxx0rs:~$ less Zubereitung.txt

🕐 Zubereitungszeit: ca. 40 Minuten

1. Die Blockhouse Knoblauch Baguettes aufschneiden und kurz im Ofen erwärmen.

2. Aus dem Rinderhackfleisch 4 Patties formen, mit Salz und Pfeffer würzen und in einer Pfanne mit etwas Öl anbraten oder auf dem Grill, bis sie durchgegart sind.

3. Den Blauschimmelkäse in Scheiben schneiden und auf die heißen Patties legen, damit er leicht schmilzt.

4. Die Baguettes mit den Patties belegen und mit Rotkrautsalat, Tomaten, Gurken und Zwiebeln garnieren.

5. Die gebratenen Champignons hinzufügen.

🧍 Serviervorschlag: Die fertigen Burger auf Tellern platzieren und jeweils eine Portion Coleslaw und Bohnensalat daneben servieren.

Guten Appetit!

Info Terminal ➕ ➖ ✖

File   Edit   View   Search   Terminal   Help

c00king@haxxors:~$ less Info.txt

Das Gericht "Burger im Blockhouse Knoblauch Baguette mit Rotkraut Salat und Blauschimmelkäse" ist eine kreative Variante des klassischen Burgers. Die Verwendung von Knoblauch Baguette verleiht dem Burger einen besonderen Geschmack, während der Rotkrautsalat und der Blauschimmelkäse eine interessante Kombination aus Frische und Würze bieten. Die gebratenen Champignons fügen eine weitere Geschmacksebene hinzu. Dieser Burger kann als Hauptgericht bei geselligen Zusammenkünften serviert werden und spiegelt die Vielfalt moderner Burger-Kreationen wider.

~$ Kochen unter dem Radar
{Von Nerds für Nerds}

 TCHS Terminal

File   Edit   View   Search   Terminal   Help

```
c00king@haxx0rs:~$ less Zutaten.txt
```

☆ Ei Benedikt

⚆ Zutaten für 4 Personen:

○ 4 Eier
○ 4 Scheiben Toastbrot
○ 4 Scheiben Schinken
○ 200 g Butter
○ 4 Eigelb
○ 1 EL Zitronensaft
○ Salz und Pfeffer
○ Schnittlauch

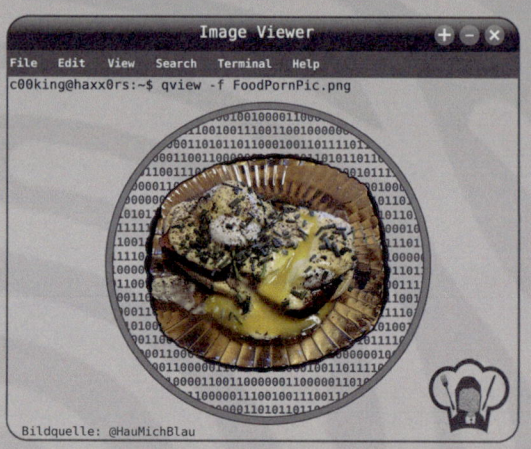

Image Viewer

File   Edit   View   Search   Terminal   Help

```
c00king@haxx0rs:~$ qview -f FoodPornPic.png
```

Bildquelle: @HauMichBlau

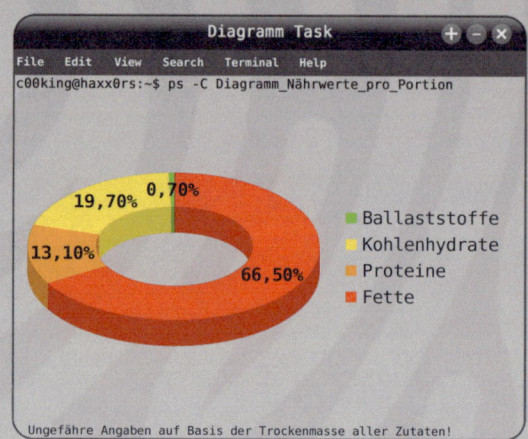

Diagramm Task

File   Edit   View   Search   Terminal   Help

```
c00king@haxx0rs:~$ ps -C Diagramm_Nährwerte_pro_Portion
```

19,70%   0,70%
13,10%
66,50%

- Ballaststoffe
- Kohlenhydrate
- Proteine
- Fette

Ungefähre Angaben auf Basis der Trockenmasse aller Zutaten!

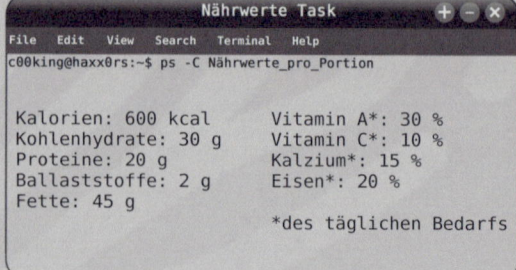

Nährwerte Task

File   Edit   View   Search   Terminal   Help

```
c00king@haxx0rs:~$ ps -C Nährwerte_pro_Portion
```

Kalorien: 600 kcal   Vitamin A*: 30 %
Kohlenhydrate: 30 g   Vitamin C*: 10 %
Proteine: 20 g   Kalzium*: 15 %
Ballaststoffe: 2 g   Eisen*: 20 %
Fette: 45 g

*des täglichen Bedarfs

~$ Kochen unter dem Radar
{Von Nerds für Nerds}

File   Edit   View   Search   Terminal   Help

c00king@haxx0rs:~$ less Zubereitung.txt

🕐 Zubereitungszeit: ca. 30 Minuten

1. Die Eier pochieren: Einen großen Topf mit Wasser und etwas Essig zum
   Kochen bringen. Dann die Hitze reduzieren, so dass das Wasser nur noch
   simmert. Die Eier einzeln in eine Schöpfkelle schlagen und vorsichtig ins
   Wasser gleiten lassen. 3-4 Minuten garen, bis das Eiweiß fest, das Eigelb
   aber noch weich ist. Herausheben und auf Küchenpapier abtropfen lassen.

2. Die Toastbrotscheiben rösten und den Schinken in einer Pfanne ohne Fett
   kurz anbraten.

3. Für die Sauce Hollandaise die Butter schmelzen. Eigelbe mit Zitronensaft
   und 1 EL Wasser in einer Metallschüssel über einem heißen Wasserbad
   schaumig schlagen. Die geschmolzene Butter zuerst tropfenweise, dann in
   dünnem Strahl unterschlagen, bis die Sauce dicklich und cremig ist.
   Mit Salz und Pfeffer abschmecken.

🍽 Serviervorschlag: Die Toasts mit Schinken, pochierten Eiern und Sauce
   Hollandaise anrichten. Mit gehacktem Schnittlauch bestreuen und sofort
   servieren.

   Guten Appetit!

File   Edit   View   Search   Terminal   Help

c00king@haxxors:~$ less Info.txt

Das Ei Benedikt, oder Eggs Benedict, ist ein klassisches amerikanisches
Frühstücksgericht, das pochierte Eier, englische Muffins, Schinken oder Speck
und reichlich Hollandaise-Sauce kombiniert. Die genaue Herkunft ist um-
stritten. Eine populäre Theorie besagt, dass es in den 1860er Jahren im
Delmonico's Restaurant in New York für Lemuel Benedict, einen Wall-Street-
Broker, kreiert wurde, der nach einem Katerfrühstück suchte. Eine andere
Version schreibt das Gericht dem Waldorf Hotel zu, wo es für Mr. und Mrs.
LeGrand Benedict entwickelt wurde. Eggs Benedict hat sich weltweit zu einem
Symbol für gehobenes Frühstück und Brunch etabliert. Verschiedene Varianten
wie Eggs Florentine (mit Spinat) zeigen die kulturelle Anpassung und
Vielseitigkeit dieses eleganten Gerichts.

~$ Kochen unter dem Radar
{Von Nerds für Nerds}

TCHS Terminal

File   Edit   View   Search   Terminal   Help

```
c00king@haxx0rs:~$ less Zutaten.txt
```

☆ Rucola Himbeer Salat

🧑 Zutaten für 1 Person:

- ○ 200 g Rucola
- ○ 250 g frische Himbeeren
- ○ 2 Burrata-Käse
- ○ 4 EL Balsamico-Glasur
- ○ 2 EL Sonnenblumenkerne
- ○ Salz und Pfeffer nach Geschmack
- ○ 4 EL Olivenöl

Image Viewer

File   Edit   View   Search   Terminal   Help

```
c00king@haxx0rs:~$ qview -f FoodPornPic.png
```

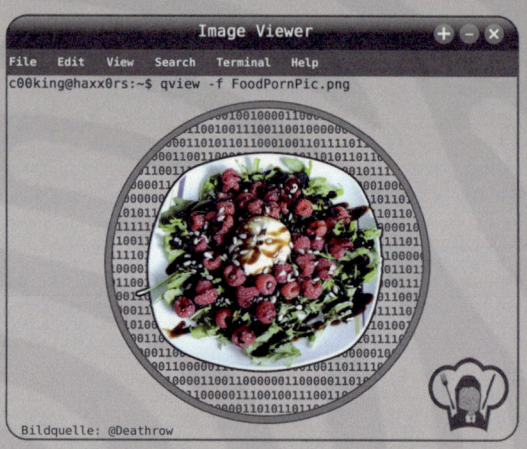

Bildquelle: @Deathrow

Diagramm Task

File   Edit   View   Search   Terminal   Help

```
c00king@haxx0rs:~$ ps -C Diagramm_Nährwerte_pro_Portion
```

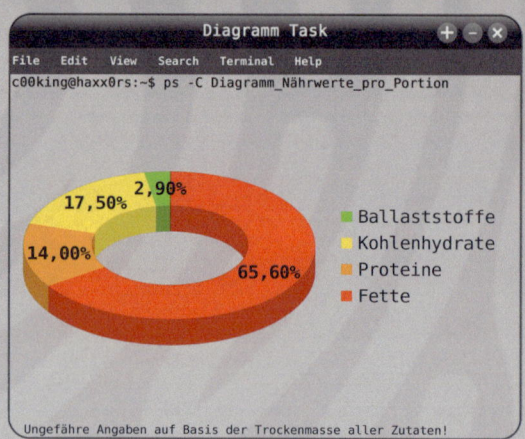

- 🟩 Ballaststoffe — 2,90%
- 🟨 Kohlenhydrate — 17,50%
- 🟧 Proteine — 14,00%
- 🟥 Fette — 65,60%

Ungefähre Angaben auf Basis der Trockenmasse aller Zutaten!

Nährwerte Task

File   Edit   View   Search   Terminal   Help

```
c00king@haxx0rs:~$ ps -C Nährwerte_pro_Portion
```

Kalorien: 350 kcal
Kohlenhydrate: 15 g
Proteine: 12 g
Ballaststoffe: 5 g
Fette: 25 g

Vitamin A*: 15 %
Vitamin C*: 25 %
Kalzium*: 20 %
Eisen*: 10 %

*des täglichen Bedarfs

~$ Kochen unter dem Radar
{Von Nerds für Nerds}

TCHS Terminal

File   Edit   View   Search   Terminal   Help

`c00king@haxx0rs:~$ less Zubereitung.txt`

🕐 Zubereitungszeit: ca. 15 Minuten

1. Rucola waschen und trocken schleudern.

2. Frische Himbeeren gleichmäßig über den Rucola streuen.

3. Burrata vorsichtig halbieren und auf die Mitte jedes Tellers legen.

4. Den Salat mit der Balsamico-Glasur beträufeln.

5. Sonnenblumenkerne darüber streuen.

6. Mit Salz und Pfeffer würzen und jeweils 1 EL Olivenöl über jeden Salat träufeln.

♟ Serviervorschlag: Den Salat sofort servieren und genießen.

Guten Appetit!

Info Terminal

File   Edit   View   Search   Terminal   Help

`c00king@haxxors:~$ less Info.txt`

Der Rucola Himbeer Salat ist ein frischer und gesunder Salat, der sich hervorragend als Vorspeise oder leichtes Hauptgericht eignet. Die Kombination aus würzigem Rucola, süßen Himbeeren und cremiger Burrata, abgerundet mit einer Balsamico-Glasur und knusprigen Sonnenblumenkernen, bietet ein harmonisches Geschmackserlebnis. Rucola ist bekannt für seinen hohen Gehalt an Vitamin C und Eisen, während Himbeeren reich an Antioxidantien sind. Burrata, ein italienischer Frischkäse, fügt dem Salat eine cremige Textur hinzu. Sonnenblumenkerne liefern zusätzliche Ballaststoffe und gesunde Fette. Dieser Salat ist ideal für den Sommer und kann leicht angepasst werden, indem man saisonale Früchte und verschiedene Nüsse verwendet.

~$ Kochen unter dem Radar
{Von Nerds für Nerds}

TCHS Terminal + − ✕

File   Edit   View   Search   Terminal   Help

c00king@haxx0rs:~$ less Zutaten.txt

☆ Schaschlik (Hähnchen) mit
   Paprika-Rahm Soße und Reis

⋈ Zutaten für 4 Personen:

○ 500g Hähnchenbrustfilet
○ 2 Paprika (rot und gelb)
○ 1 Zwiebel
○ 2 Knoblauchzehen
○ 300g Reis
○ 400ml passierte Tomaten
○ 200ml Sahne
○ 2 EL Paprikapulver edelsüß
○ 1 TL Paprikapulver scharf
○ Salz und Pfeffer
○ 2 EL Öl
○ 2 Frühlingszwiebeln (zum
   Garnieren)

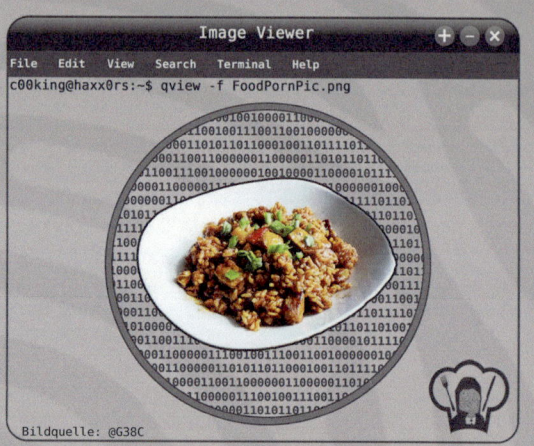

Image Viewer + − ✕

File   Edit   View   Search   Terminal   Help

c00king@haxx0rs:~$ qview -f FoodPornPic.png

Bildquelle: @G38C

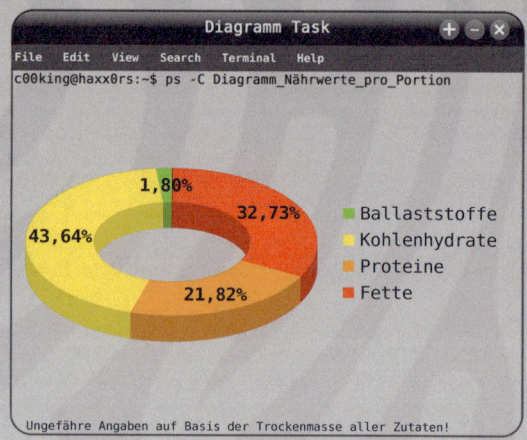

Diagramm Task + − ✕

File   Edit   View   Search   Terminal   Help

c00king@haxx0rs:~$ ps -C Diagramm_Nährwerte_pro_Portion

1,80%
32,73%
43,64%
21,82%

■ Ballaststoffe
■ Kohlenhydrate
■ Proteine
■ Fette

Ungefähre Angaben auf Basis der Trockenmasse aller Zutaten!

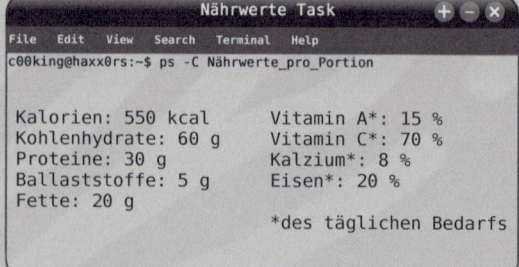

Nährwerte Task + − ✕

File   Edit   View   Search   Terminal   Help

c00king@haxx0rs:~$ ps -C Nährwerte_pro_Portion

Kalorien: 550 kcal   Vitamin A*: 15 %
Kohlenhydrate: 60 g   Vitamin C*: 70 %
Proteine: 30 g   Kalzium*: 8 %
Ballaststoffe: 5 g   Eisen*: 20 %
Fette: 20 g

*des täglichen Bedarfs

~$ Kochen unter dem Radar
{Von Nerds für Nerds}

TCHS Terminal

File   Edit   View   Search   Terminal   Help

`c00king@haxx0rs:~$ less Zubereitung.txt`

🕒 Zubereitungszeit: ca. 45 Minuten

1. Das Hähnchenbrustfilet in mundgerechte Stücke schneiden. Paprika, Zwiebel und Knoblauch ebenfalls klein schneiden.

2. Öl in einer Pfanne erhitzen und das Hähnchenbrustfilet darin anbraten, bis es leicht gebräunt ist. Zwiebel und Knoblauch hinzufügen und kurz mitbraten.

3. Die Paprika hinzufügen und alles gut vermengen. Mit Paprikapulver, Salz und Pfeffer würzen. Passierte Tomaten und Sahne hinzufügen und alles gut verrühren. Bei mittlerer Hitze köcheln lassen, bis die Soße etwas eingedickt ist.

4. In der Zwischenzeit den Reis nach Packungsanweisung kochen.

5. Den gekochten Reis unter das Schaschlik mischen und kurz erwärmen.

♟ Serviervorschlag: Mit in Ringe geschnittenen Frühlingszwiebeln garnieren.

Guten Appetit!

Info Terminal

File   Edit   View   Search   Terminal   Help

`c00king@haxxors:~$ less Info.txt`

Das Gericht "Schaschlik mit Paprika-Rahm Soße und Reis" ist eine abwechslungsreiche Variante des klassischen Schaschliks, das ursprünglich aus der kaukasischen und osteuropäischen Küche stammt. Traditionell wird Schaschlik über offenem Feuer gegrillt und häufig mit Paprika und Zwiebeln zubereitet. Die Kombination mit Paprika-Rahm Soße und Reis bringt eine zusätzliche Cremigkeit und Sättigung, die dieses Gericht besonders schmackhaft macht. Die regionalen Varianten können sich in den verwendeten Gewürzen und der Zubereitungsart unterscheiden, was dieses Gericht sehr vielseitig macht.

~$ Kochen unter dem Radar
{Von Nerds für Nerds}

TCHS Terminal   ➕ ➖ ✖

File   Edit   View   Search   Terminal   Help

`c00king@haxx0rs:~$ less Zutaten.txt`

☆ Salat mit Grillkäse Streifen

👥 Zutaten für 4 Personen:

- ○ 200 g gemischter Salat
- ○ 150 g Grillkäse
- ○ 1 rote Paprika
- ○ 1 gelbe Paprika
- ○ 1 Gurke
- ○ 10 Cherrytomaten
- ○ 1 rote Zwiebel
- ○ 50 g Oliven
- ○ 3 EL Olivenöl
- ○ 1 EL Balsamico-Essig
- ○ Salz und Pfeffer
- ○ 1 TL Honig

Image Viewer   ➕ ➖ ✖

File   Edit   View   Search   Terminal   Help

`c00king@haxx0rs:~$ qview -f FoodPornPic.png`

Bildquelle: @R4

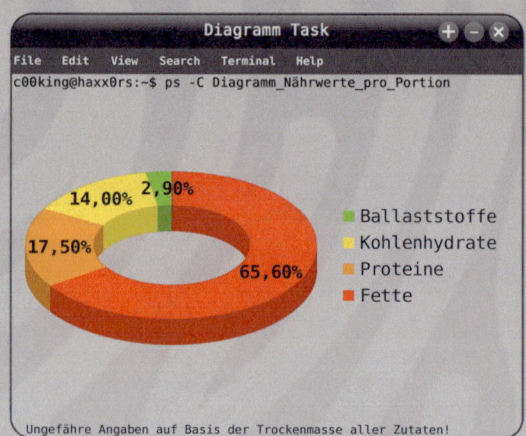

Diagramm Task   ➕ ➖ ✖

File   Edit   View   Search   Terminal   Help

`c00king@haxx0rs:~$ ps -C Diagramm_Nährwerte_pro_Portion`

2,90%
14,00%
17,50%
65,60%

- 🟩 Ballaststoffe
- 🟨 Kohlenhydrate
- 🟧 Proteine
- 🟥 Fette

Ungefähre Angaben auf Basis der Trockenmasse aller Zutaten!

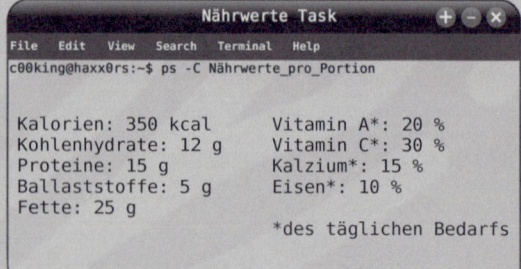

Nährwerte Task   ➕ ➖ ✖

File   Edit   View   Search   Terminal   Help

`c00king@haxx0rs:~$ ps -C Nährwerte_pro_Portion`

Kalorien: 350 kcal   Vitamin A*: 20 %
Kohlenhydrate: 12 g   Vitamin C*: 30 %
Proteine: 15 g   Kalzium*: 15 %
Ballaststoffe: 5 g   Eisen*: 10 %
Fette: 25 g

                          *des täglichen Bedarfs

~$ Kochen unter dem Radar
{Von Nerds für Nerds}

File   Edit   View   Search   Terminal   Help

`c00king@haxx0rs:~$ less Zubereitung.txt`

🕐 Zubereitungszeit: ca. 20 Minuten

1. Den gemischten Salat waschen und in mundgerechte Stücke zupfen.

2. Die Paprika entkernen und in Streifen schneiden. Die Gurke in Scheiben schneiden. Cherrytomaten halbieren. Die rote Zwiebel in feine Ringe schneiden. Die Oliven halbieren.

3. Grillkäse in Streifen schneiden und in einer Pfanne mit etwas Olivenöl von beiden Seiten goldbraun anbraten.

4. Olivenöl, Balsamico-Essig, Salz, Pfeffer und Honig zu einem Dressing verrühren.

5. Salat, Gemüse und Oliven in einer Schüssel vermengen und das Dressing darüber geben. Gut durchmischen.

🍽 Serviervorschlag: Den gebratenen Grillkäse auf den Salat legen und servieren.

   Guten Appetit!

Info Terminal

File   Edit   View   Search   Terminal   Help

`c00king@haxxors:~$ less Info.txt`

Der Salat mit Grillkäse Streifen ist eine moderne Interpretation eines klassischen Salates, bei dem gegrillter Käse dem Gericht eine herzhafte Note verleiht. Dieses Gericht ist besonders im Sommer beliebt, da es leicht und erfrischend ist. Grillkäse, wie Halloumi, stammt ursprünglich aus Zypern und hat sich in der mediterranen und nahöstlichen Küche etabliert. Die verwendeten Zutaten sind in der Regel das ganze Jahr über verfügbar und können nach Belieben variiert werden. Dieses Gericht ist einfach zuzubereiten und eignet sich hervorragend für Grillabende und Picknicks.

~$ Kochen unter dem Radar
{Von Nerds für Nerds}

TCHS Terminal + − ✕

File   Edit   View   Search   Terminal   Help

`c00king@haxx0rs:~$ less Zutaten.txt`

☆ Asia Pfanne

⚇ Zutaten für 4 Personen:

- ○ 250 g Mi-Vollkorn-Nudeln
- ○ 200 g Pak Choi
- ○ 300 g Asia Gemüse (z.B. Paprika, Karotten, Zuckerschoten)
- ○ 2 Zwiebeln
- ○ 2 EL Teriyaki-Soße
- ○ 2 EL Soja-Soße
- ○ 1 TL Ingwer, frisch gerieben
- ○ 300 g Hühnerbrust
- ○ 1 TL 5-Gewürze-Pulver
- ○ 1 TL English Curry
- ○ 2 EL Pflanzenöl

Image Viewer + − ✕

File   Edit   View   Search   Terminal   Help

`c00king@haxx0rs:~$ qview -f FoodPornPic.png`

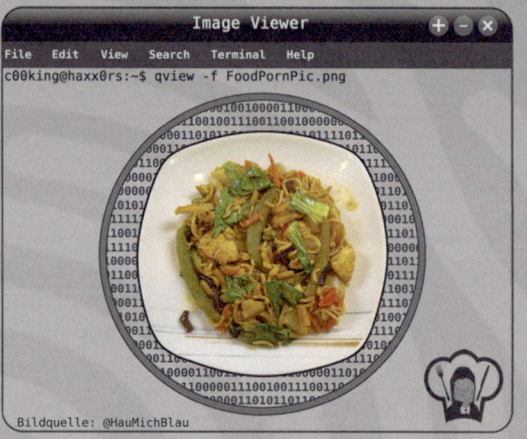

Bildquelle: @HauMichBlau

Diagramm Task + − ✕

File   Edit   View   Search   Terminal   Help

`c00king@haxx0rs:~$ ps -C Diagramm_Nährwerte_pro_Portion`

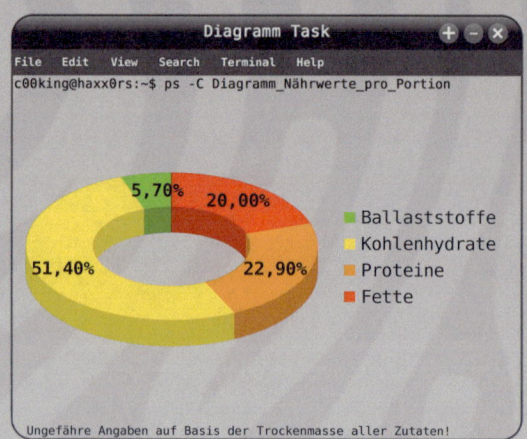

5,70%   20,00%   51,40%   22,90%

- 🟩 Ballaststoffe
- 🟨 Kohlenhydrate
- 🟧 Proteine
- 🟥 Fette

Ungefähre Angaben auf Basis der Trockenmasse aller Zutaten!

Nährwerte Task + − ✕

File   Edit   View   Search   Terminal   Help

`c00king@haxx0rs:~$ ps -C Nährwerte_pro_Portion`

Kalorien: 350 kcal	Vitamin A*: 25 %
Kohlenhydrate: 45 g	Vitamin C*: 30 %
Proteine: 20 g	Kalzium*: 15 %
Ballaststoffe: 6 g	Eisen*: 20 %
Fette: 8 g	

*des täglichen Bedarfs

~$ Kochen unter dem Radar
{Von Nerds für Nerds}

TCHS Terminal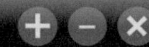

File   Edit   View   Search   Terminal   Help

`c00king@haxx0rs:~$ less Zubereitung.txt`

🕒 Zubereitungszeit: ca. 60 Minuten

1. Mi-Vollkorn-Nudeln nach Packungsanweisung kochen. Abtropfen lassen.

2. Hühnerbrust in Streifen schneiden und mit 5-Gewürze-Pulver und English Curry marinieren.

3. Pflanzenöl in einer großen Pfanne erhitzen und die Hühnerstreifen darin anbraten, bis sie gar sind. Aus der Pfanne nehmen und beiseitestellen.

4. Zwiebeln in Ringe schneiden und im gleichen Öl anbraten. Asia-Gemüse hinzufügen und kurz mitbraten.

5. Nudeln, Hühnerstreifen und Pak Choi dazugeben. Alles gut vermengen.

6. Mit Teriyaki-Soße, Soja-Soße und Ingwer abschmecken und alles kurz glasieren lassen.

🤖 Serviervorschlag: Heiß servieren und nach Belieben mit frischen Kräutern garnieren.

Guten Appetit!

Info Terminal

File   Edit   View   Search   Terminal   Help

`c00king@haxxors:~$ less Info.txt`

Die Asia-Pfanne ist ein beliebtes Gericht, das Elemente der asiatischen Küche mit westlichen Zutaten kombiniert. Es ist besonders beliebt wegen seiner schnellen Zubereitungszeit und der vielfältigen Geschmacksrichtungen. Pak Choi und verschiedene Gemüsearten machen es zu einer nährstoffreichen Mahlzeit. Die Teriyaki- und Soja-Soße sorgen für den charakteristischen asiatischen Geschmack. Die Verwendung von Mi-Vollkorn-Nudeln bietet eine gesündere Alternative zu herkömmlichen Nudeln.

~$ Kochen unter dem Radar
{Von Nerds für Nerds}

TCHS Terminal

File   Edit   View   Search   Terminal   Help

```
c00king@haxx0rs:~$ less Zutaten.txt
```

☆ Falafel Teller

👫 Zutaten für 4 Personen:

- ○ 16 Stück Falafel (ca. 400 g)
- ○ 4 Karotten (ca. 400 g), gerieben
- ○ 4 Tomaten, in Hälften geschnitten
- ○ 2 Kugeln Mozzarella (ca. 250 g), in Scheiben geschnitten
- ○ 200 g Hummus oder Mayonnaise-Dip
- ○ 200 g Krautsalat
- ○ Salz und Pfeffer nach Geschmack

Image Viewer

File   Edit   View   Search   Terminal   Help

```
c00king@haxx0rs:~$ qview -f FoodPornPic.png
```

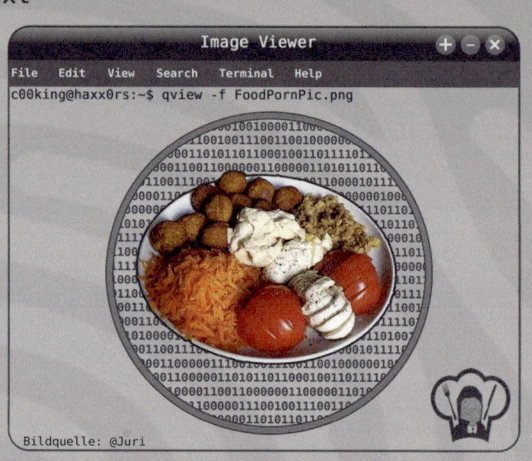

Bildquelle: @Juri

Diagramm Task

File   Edit   View   Search   Terminal   Help

```
c00king@haxx0rs:~$ ps -C Diagramm_Nährwerte_pro_Portion
```

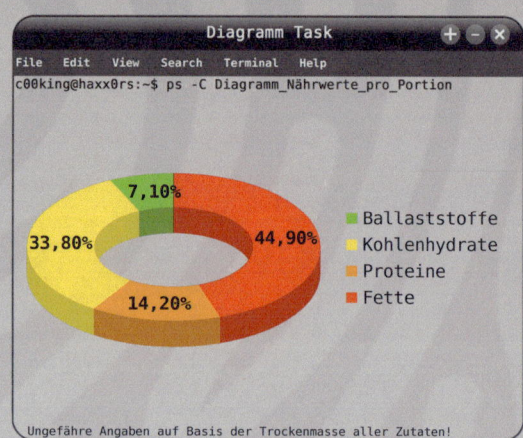

- 🟩 Ballaststoffe
- 🟨 Kohlenhydrate
- 🟧 Proteine
- 🟥 Fette

Ungefähre Angaben auf Basis der Trockenmasse aller Zutaten!

Nährwerte Task

File   Edit   View   Search   Terminal   Help

```
c00king@haxx0rs:~$ ps -C Nährwerte_pro_Portion
```

Kalorien: 450 kcal   Vitamin A*: 60 %
Kohlenhydrate: 38 g   Vitamin C*: 30 %
Proteine: 16 g   Kalzium*: 20 %
Ballaststoffe: 8 g   Eisen*: 15 %
Fette: 24 g

*des täglichen Bedarfs

~$ Kochen unter dem Radar
{Von Nerds für Nerds}

TCHS Terminal

File   Edit   View   Search   Terminal   Help

`c00king@haxx0rs:~$ less Zubereitung.txt`

🕑 Zubereitungszeit: ca. 30 Minuten

1. Die Falafel nach Packungsanweisung zubereiten oder selbst herstellen und frittieren.

2. Die Karotten schälen, reiben und in einer Schüssel beiseite stellen.

3. Die Tomaten waschen, halbieren und auf dem Teller anrichten.

4. Den Mozzarella in Scheiben schneiden und ebenfalls auf dem Teller anrichten.

5. Den Hummus oder Mayonnaise-Dip in die Mitte des Tellers geben.

6. Den Krautsalat vorbereiten oder fertigen Krautsalat verwenden und neben den Dip platzieren.

🧍 Serviervorschlag: Alles zusammen auf einem großen Teller anrichten und mit Salz und Pfeffer abschmecken.

   Guten Appetit!

Info Terminal

File   Edit   View   Search   Terminal   Help

`c00king@haxxors:~$ less Info.txt`

Der Falafel-Teller ist ein typisches Gericht aus der Nahostküche, besonders in Ländern wie Libanon, Israel und Syrien beliebt. Falafel sind frittierte Bällchen aus pürierten Kichererbsen oder Favabohnen, oft mit Kräutern und Gewürzen verfeinert. Traditionell werden sie in Fladenbrot mit verschiedenen Beilagen serviert. Der Karottensalat und der Krautsalat bringen eine frische, knackige Note, während der Hummus-Dip oder die Mayonnaise für cremige Textur sorgen. Dieses Gericht ist nicht nur lecker, sondern auch eine hervorragende Proteinquelle für Vegetarier und Veganer.

~$ Kochen unter dem Radar
{Von Nerds für Nerds}

TCHS Terminal ⊕ ⊖ ✕

File   Edit   View   Search   Terminal   Help

`c00king@haxx0rs:~$ less Zutaten.txt`

☆ Bunter Gemüsesalat

👥 Zutaten für 4 Personen:

- ○ 100 g Rucola
- ○ 100 g Feldsalat
- ○ 1 rote Paprika
- ○ 1 gelbe Paprika
- ○ 1 Gurke
- ○ 200 g Tomaten
- ○ 100 g Käsewürfel (z.B. Gouda)
- ○ 1 rote Zwiebel
- ○ 4 EL Olivenöl
- ○ 2 EL Balsamico-Essig
- ○ Salz und Pfeffer

Image Viewer ⊕ ⊖ ✕

File   Edit   View   Search   Terminal   Help

`c00king@haxx0rs:~$ qview -f FoodPornPic.png`

Bildquelle: @Deathrow

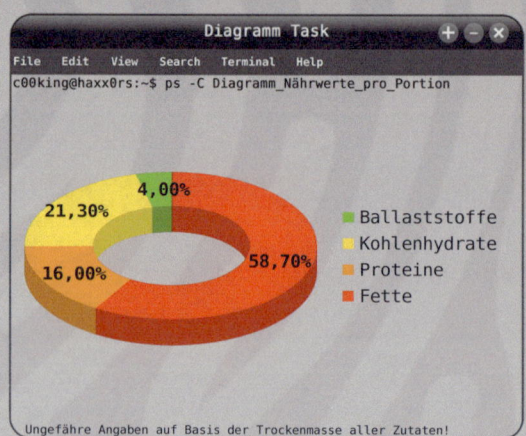

Diagramm Task ⊕ ⊖ ✕

File   Edit   View   Search   Terminal   Help

`c00king@haxx0rs:~$ ps -C Diagramm_Nährwerte_pro_Portion`

4,00%
21,30%
16,00%
58,70%

- 🟩 Ballaststoffe
- 🟨 Kohlenhydrate
- 🟧 Proteine
- 🟥 Fette

Ungefähre Angaben auf Basis der Trockenmasse aller Zutaten!

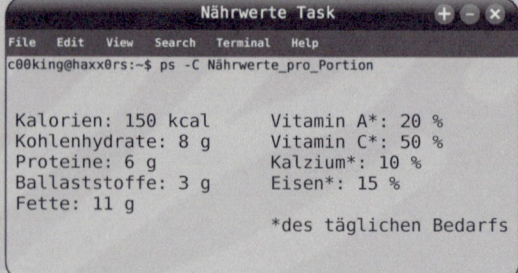

Nährwerte Task ⊕ ⊖ ✕

File   Edit   View   Search   Terminal   Help

`c00king@haxx0rs:~$ ps -C Nährwerte_pro_Portion`

Kalorien: 150 kcal
Kohlenhydrate: 8 g
Proteine: 6 g
Ballaststoffe: 3 g
Fette: 11 g

Vitamin A*: 20 %
Vitamin C*: 50 %
Kalzium*: 10 %
Eisen*: 15 %

*des täglichen Bedarfs

~$ Kochen unter dem Radar
{Von Nerds für Nerds}

TCHS Terminal

File   Edit   View   Search   Terminal   Help

c00king@haxx0rs:~$ less Zubereitung.txt

🕐 Zubereitungszeit: ca. 15 Minuten

1. Rucola und Feldsalat waschen und gut abtropfen lassen.

2. Paprika entkernen und in feine Streifen schneiden. Gurke und Tomaten in
   Scheiben bzw. Würfel schneiden.

3. Die rote Zwiebel schälen und in feine Ringe schneiden.

4. Alle vorbereiteten Zutaten in eine große Salatschüssel geben und gut
   vermischen.

5. Käse in kleine Würfel schneiden und über den Salat streuen.

6. Für das Dressing Olivenöl und Balsamico-Essig in einer kleinen Schüssel
   gut vermischen, mit Salz und Pfeffer abschmecken und über den Salat geben.
   Alles gut durchmischen.

 Serviervorschlag: Den Salat auf Tellern anrichten und sofort servieren.

   Guten Appetit!

Info Terminal

File   Edit   View   Search   Terminal   Help

c00king@haxxors:~$ less Info.txt

Der bunte Gemüsesalat ist ein Klassiker der leichten Küche, der vor allem in
den warmen Monaten gern gegessen wird. Die frischen Zutaten wie Rucola,
Paprika und Tomaten liefern wichtige Vitamine und Mineralstoffe. Ursprünglich
kommt dieser Salat aus der mediterranen Küche, wo frisches Gemüse eine große
Rolle spielt. Besonders in Italien und Griechenland findet man zahlreiche
Varianten dieses Salats. Durch die Kombination aus knackigem Gemüse und
leichtem Dressing ist der Salat nicht nur gesund, sondern auch sehr erfrischend. Er eignet sich perfekt als Beilage zu Grillgerichten oder als
leichte Hauptmahlzeit an heißen Tagen.

~$ Kochen unter dem Radar
{Von Nerds für Nerds}

TCHS Terminal + − ✕

File   Edit   View   Search   Terminal   Help

`c00king@haxx0rs:~$ less Zutaten.txt`

☆ Spargelauflauf

⚥ Zutaten für 4 Personen:

- ○ 500 g Spargel
- ○ 500 g Kartoffeln
- ○ 3 Tomaten
- ○ 4 Eier
- ○ 150 g Käse
- ○ 200 ml saure Sahne
- ○ 1 TL Salz
- ○ 1/2 TL Pfeffer
- ○ 1/2 TL Kreuzkümmel
- ○ 1/2 TL Kurkuma
- ○ 1/4 TL Muskatnuss
- ○ 1 Prise Asafoetida

Image Viewer + − ✕

File   Edit   View   Search   Terminal   Help

`c00king@haxx0rs:~$ qview -f FoodPornPic.png`

Bildquelle: @RR

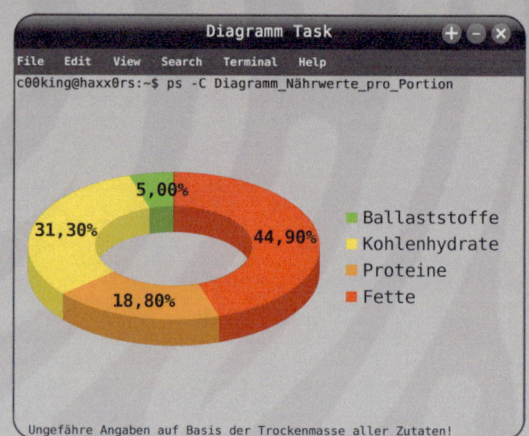

Diagramm Task + − ✕

File   Edit   View   Search   Terminal   Help

`c00king@haxx0rs:~$ ps -C Diagramm_Nährwerte_pro_Portion`

5,00%
31,30%
44,90%
18,80%

- 🟩 Ballaststoffe
- 🟨 Kohlenhydrate
- 🟧 Proteine
- 🟥 Fette

Ungefähre Angaben auf Basis der Trockenmasse aller Zutaten!

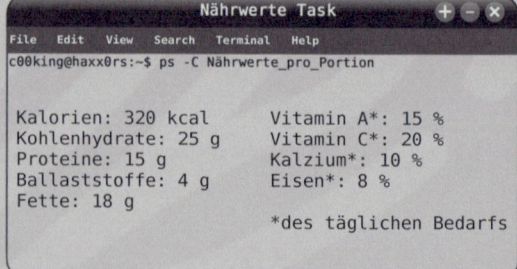

Nährwerte Task + − ✕

File   Edit   View   Search   Terminal   Help

`c00king@haxx0rs:~$ ps -C Nährwerte_pro_Portion`

Kalorien: 320 kcal   Vitamin A*: 15 %
Kohlenhydrate: 25 g   Vitamin C*: 20 %
Proteine: 15 g   Kalzium*: 10 %
Ballaststoffe: 4 g   Eisen*: 8 %
Fette: 18 g

*des täglichen Bedarfs

~$ Kochen unter dem Radar
{Von Nerds für Nerds}

TCHS Terminal

File   Edit   View   Search   Terminal   Help

`c00king@haxx0rs:~$ less Zubereitung.txt`

🕐 Zubereitungszeit: ca. 30 Minuten

1. Spargel und Kartoffeln vorkochen.

2. Tomaten in etwas Butter anbraten.

3. Eine Soße aus Eiern, Käse, saurer Sahne und Gewürzen (Salz, Pfeffer, Kreuzkümmel, Kurkuma, Muskat, Asafoetida) anrühren.

4. Alle Zutaten in eine Pfanne geben und bei 180 Grad Umluft ca. 15 Minuten backen.

🤖 Serviervorschlag: Mit frischem Baguette und einem gemischten Salat servieren.

Guten Appetit!

Info Terminal

File   Edit   View   Search   Terminal   Help

`c00king@haxxors:~$ less Info.txt`

Der Spargelauflauf ist ein klassisches Frühlingsgericht, das besonders in der Spargelsaison beliebt ist. Spargel wird in vielen europäischen Ländern angebaut und geschätzt. Das Gericht kombiniert frische Zutaten mit einer würzigen Soße und eignet sich hervorragend als leichtes Mittag- oder Abendessen. Besonders in Deutschland und Österreich findet man viele Varianten dieses Rezepts, oft je nach regionaler Verfügbarkeit von Zutaten.

~$ Kochen unter dem Radar
{Von Nerds für Nerds}

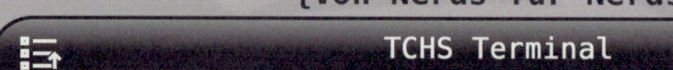

TCHS Terminal ⊕ ⊖ ✕

File   Edit   View   Search   Terminal   Help

`c00king@haxx0rs:~$ less Zutaten.txt`

☆ Toastpizza

👥 Zutaten für 4 Personen:

- ○ 8 Scheiben Toastbrot
- ○ 200 g passierte Tomaten
- ○ 150 g geriebener Käse
  (Mozzarella oder Gouda)
- ○ 100 g Salami in Scheiben
- ○ Salz, Pfeffer, Oregano

Image Viewer ⊕ ⊖ ✕

File   Edit   View   Search   Terminal   Help

`c00king@haxx0rs:~$ qview -f FoodPornPic.png`

Bildquelle: @Deathrow

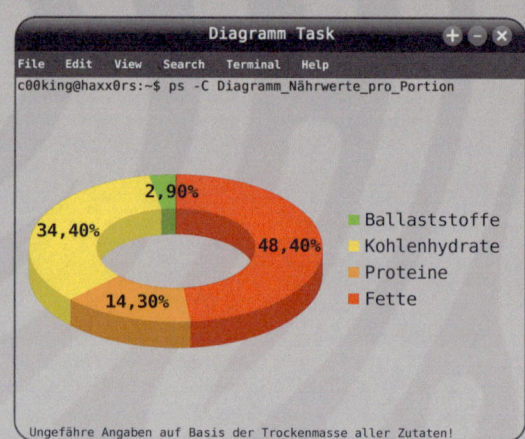

Diagramm Task ⊕ ⊖ ✕

File   Edit   View   Search   Terminal   Help

`c00king@haxx0rs:~$ ps -C Diagramm_Nährwerte_pro_Portion`

- 2,90%
- 34,40%
- 48,40%
- 14,30%

- 🟩 Ballaststoffe
- 🟨 Kohlenhydrate
- 🟧 Proteine
- 🟥 Fette

Ungefähre Angaben auf Basis der Trockenmasse aller Zutaten!

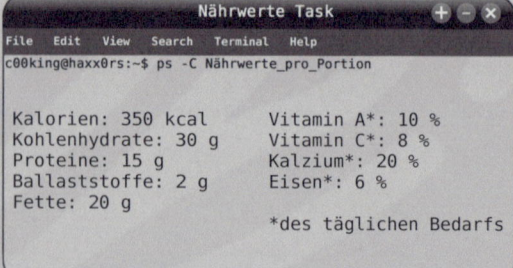

Nährwerte Task ⊕ ⊖ ✕

File   Edit   View   Search   Terminal   Help

`c00king@haxx0rs:~$ ps -C Nährwerte_pro_Portion`

Kalorien: 350 kcal   Vitamin A*: 10 %
Kohlenhydrate: 30 g   Vitamin C*: 8 %
Proteine: 15 g   Kalzium*: 20 %
Ballaststoffe: 2 g   Eisen*: 6 %
Fette: 20 g

*des täglichen Bedarfs

~$ Kochen unter dem Radar
{Von Nerds für Nerds}

TCHS Terminal

File   Edit   View   Search   Terminal   Help

`c00king@haxx0rs:~$ less Zubereitung.txt`

🕐 Zubereitungszeit: ca. 15 Minuten

1. Die passierten Tomaten in eine Schüssel geben, mit Salz, Pfeffer und Oregano würzen und gut verrühren.

2. Die Toastbrotscheiben auf ein Backblech legen und mit der Tomatensauce bestreichen.

3. Den geriebenen Käse gleichmäßig auf den Toastscheiben verteilen.

4. Die Salamischeiben in Stücke schneiden und auf dem Käse verteilen.

5. Den Backofen auf 200°C vorheizen und die Toasts etwa 10 Minuten backen, bis der Käse geschmolzen und leicht gebräunt ist.

🍽 Serviervorschlag: Die Toastpizza warm servieren, ideal für einen schnellen Snack oder als Teil eines Brunches.

   Guten Appetit!

Info Terminal

File   Edit   View   Search   Terminal   Help

`c00king@haxxors:~$ less Info.txt`

Toastpizza ist ein schneller und einfacher Snack, der oft als improvisierte Mahlzeit aus alltäglichen Zutaten zubereitet wird. Besonders beliebt ist sie bei Kindern und eignet sich ideal für Partys oder Brunches. Die Variationen sind vielfältig, von vegetarisch bis hin zu verschiedenen Fleischbelägen. Ihre Wurzeln hat die Toastpizza in der italienischen Küche, inspiriert von klassischer Pizza, jedoch mit Toastbrot als Basis.

~$ Kochen unter dem Radar
{Von Nerds für Nerds}

TCHS Terminal

File   Edit   View   Search   Terminal   Help

`c00king@haxx0rs:~$ less Zutaten.txt`

☆ Lachsfilet mit Nudel Taccosalat

👥 Zutaten für 4 Personen:

○ 4 Lachsfilets (ca. 200 g pro Filet)
○ 300 g Nudeln (Fusilli oder ähnliche)
○ 1 Dose Kidneybohnen (ca. 240 g Abtropfgewicht)
○ 1 Dose Mais (ca. 150 g Abtropfgewicht)
○ 1 Paprika (rot)
○ 1 Paprika (grün)
○ 1 Zwiebel
○ 100 g Kirschtomaten
○ 100 g geriebener Käse (Gouda oder Cheddar)
○ 50 g Parmesan (gehobelt)
○ 50 g Tacco-Chips
○ 4 EL Olivenöl
○ Salz, Pfeffer, Paprika und andere Gewürze nach Geschmack

Image Viewer

File   Edit   View   Search   Terminal   Help

`c00king@haxx0rs:~$ qview -f FoodPornPic.png`

Bildquelle: @Rainer_Zufall

Diagramm Task

File   Edit   View   Search   Terminal   Help

`c00king@haxx0rs:~$ ps -C Diagramm_Nährwerte_pro_Portion`

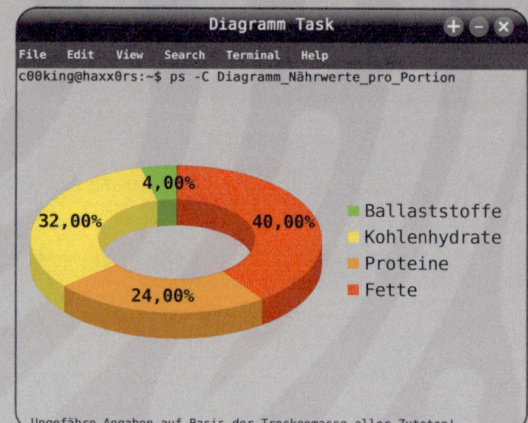

- 4,00%
- 32,00%
- 40,00%
- 24,00%

- 🟩 Ballaststoffe
- 🟨 Kohlenhydrate
- 🟧 Proteine
- 🟥 Fette

Ungefähre Angaben auf Basis der Trockenmasse aller Zutaten!

Nährwerte Task

File   Edit   View   Search   Terminal   Help

`c00king@haxx0rs:~$ ps -C Nährwerte_pro_Portion`

Kalorien: 500 kcal
Kohlenhydrate: 40 g
Proteine: 30 g
Ballaststoffe: 5 g
Fette: 15 g

Vitamin A*: 15 %
Vitamin C*: 20 %
Kalzium*: 10 %
Eisen*: 25 %

*des täglichen Bedarfs

~$ Kochen unter dem Radar
{Von Nerds für Nerds}

File   Edit   View   Search   Terminal   Help

TCHS Terminal

c00king@haxx0rs:~$ less Zubereitung.txt

File   Edit   View   Search   Terminal   Help

🕑 Zubereitungszeit: ca. 40 Minuten

1. Nudeln nach Packungsanweisung in Salzwasser kochen, abgießen und abkühlen lassen.

2. Kidneybohnen und Mais abtropfen lassen. Paprika, Zwiebel und Kirschtomaten klein schneiden.

3. Nudeln, Bohnen, Mais, Paprika, Zwiebel und Tomaten in eine große Schüssel geben. Olivenöl und Gewürze hinzufügen und gut vermengen.

4. Lachsfilets mit Salz, Pfeffer und Paprika würzen. In einer Pfanne mit etwas Olivenöl von beiden Seiten braten, bis sie durchgegart sind.

5. Den Nudelsalat auf Teller verteilen, Parmesan und Tacco-Chips darüber streuen und mit den gebratenen Lachsfilets servieren.

🍽 Serviervorschlag: Mit frischem Baguette und einem Glas Weißwein servieren.

Guten Appetit!

Info Terminal

c00king@haxxors:~$ less Info.txt

File   Edit   View   Search   Terminal   Help

Der Lachsfilet mit Nudel-Taccosalat ist eine moderne Fusion aus mediterraner und mexikanischer Küche. Der frische Lachs kombiniert mit einem bunten Nudelsalat und knusprigen Tacco-Chips bietet eine ausgewogene Mahlzeit. Besonders in den Sommermonaten ist dieses Gericht sehr beliebt, da es leicht und dennoch nahrhaft ist. Lachs ist reich an Omega-3-Fettsäuren und Proteinen, während der Salat viele Vitamine und Ballaststoffe liefert.

~$ Kochen unter dem Radar
{Von Nerds für Nerds}

TCHS Terminal

File   Edit   View   Search   Terminal   Help

```
c00king@haxx0rs:~$ less Zutaten.txt
```

☆ Hawaii Toast ala C00king Haxx0rs

👥 Zutaten für 4 Personen:

- 4 Scheiben Toastbrot
- Gute Butter zum Bestreichen
- 4 Scheiben gekochter Schinken
- Mayonnaise
- 4 Scheiben frische Ananas
- 200 g Gouda in Streifen
- 200 g Cheddar in Streifen
- Granatapfelkerne zur Dekoration

Image Viewer

File   Edit   View   Search   Terminal   Help

```
c00king@haxx0rs:~$ qview -f FoodPornPic.png
```

Bildquelle: @G38C

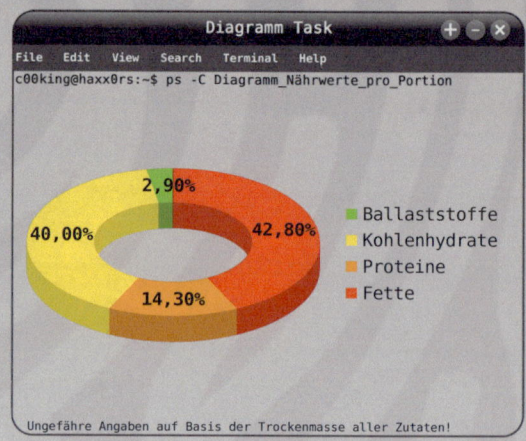

Diagramm Task

File   Edit   View   Search   Terminal   Help

```
c00king@haxx0rs:~$ ps -C Diagramm_Nährwerte_pro_Portion
```

2,90%
42,80%
40,00%
14,30%

- 🟩 Ballaststoffe
- 🟨 Kohlenhydrate
- 🟧 Proteine
- 🟥 Fette

Ungefähre Angaben auf Basis der Trockenmasse aller Zutaten!

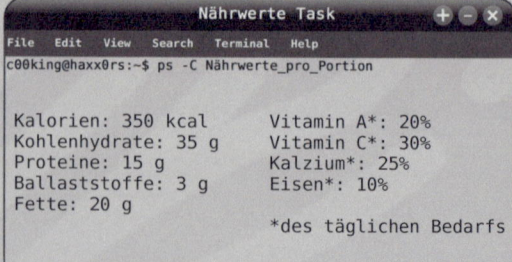

Nährwerte Task

File   Edit   View   Search   Terminal   Help

```
c00king@haxx0rs:~$ ps -C Nährwerte_pro_Portion
```

Kalorien: 350 kcal
Kohlenhydrate: 35 g
Proteine: 15 g
Ballaststoffe: 3 g
Fette: 20 g

Vitamin A*: 20%
Vitamin C*: 30%
Kalzium*: 25%
Eisen*: 10%

*des täglichen Bedarfs

~$ Kochen unter dem Radar
{Von Nerds für Nerds}

TCHS Terminal

File   Edit   View   Search   Terminal   Help

```
c00king@haxx0rs:~$ less Zubereitung.txt
```

🕒 Zubereitungszeit: ca. 15 Minuten

1. Die Toastscheiben zart mit guter Butter bestreichen.

2. Den gekochten Schinken auf die Toastscheiben legen und mit etwas
   Mayonnaise bestreichen.

3. Anschließend die frische Ananas darauf legen und die ausgestochene Mitte
   der Ananas mit Mayonnaise füllen.

4. Den Gouda und Cheddar in Streifen darauflegen und mit ein paar
   Granatapfelkernen verzieren.

5. Die Toastscheiben in den vorgeheizten Ofen bei 180 GradCelsius für
   ca. 6 - 8 Minuten backen.

🤖 Serviervorschlag: Heiß servieren, eventuell mit einem Salat als Beilage.

   Guten Appetit!

Info Terminal

File   Edit   View   Search   Terminal   Help

```
c00king@haxxors:~$ less Info.txt
```

Der Hawaii Toast ist ein Klassiker, der in den 1950er Jahren in Deutschland
populär wurde. Er besteht traditionell aus Toastbrot, Schinken, Ananas und
Käse und wird im Ofen überbacken. Das Gericht verdankt seinen Namen der Ananas, die als exotische Zutat an Hawaii erinnert. Der Toast wurde durch den
deutschen Fernsehkoch Clemens Wilmenrod bekannt, der oft als der erste
Fernsehkoch Deutschlands bezeichnet wird.

~$ Kochen unter dem Radar
{Von Nerds für Nerds}

TCHS Terminal

File   Edit   View   Search   Terminal   Help

`c00king@haxx0rs:~$ less Zutaten.txt`

☆ Spagetti ala Amore

👥 Zutaten für 4 Personen:

- ○ 500 g Spaghetti
- ○ 4 Stück Würstchen
- ○ 1 rote Paprika
- ○ 1 grüne Paprika
- ○ 1 gelbe Paprika
- ○ 1 Zwiebel
- ○ 2 Knoblauchzehen
- ○ 100 g Mais
- ○ 100 g Champignons
- ○ 2 EL Sojasoße
- ○ 1 EL Öl
- ○ Salz und Pfeffer

Image Viewer

File   Edit   View   Search   Terminal   Help

`c00king@haxx0rs:~$ qview -f FoodPornPic.png`

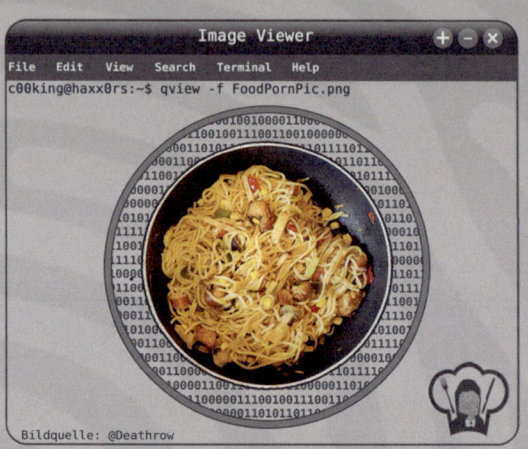

Bildquelle: @Deathrow

Diagramm Task

File   Edit   View   Search   Terminal   Help

`c00king@haxx0rs:~$ ps -C Diagramm_Nährwerte_pro_Portion`

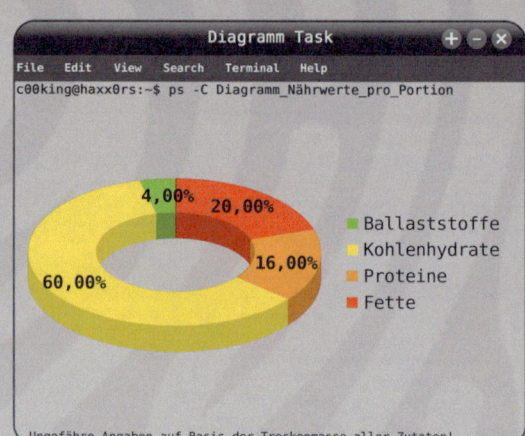

4,00% 20,00% 16,00% 60,00%

- 🟩 Ballaststoffe
- 🟨 Kohlenhydrate
- 🟧 Proteine
- 🟥 Fette

Ungefähre Angaben auf Basis der Trockenmasse aller Zutaten!

Nährwerte Task

File   Edit   View   Search   Terminal   Help

`c00king@haxx0rs:~$ ps -C Nährwerte_pro_Portion`

Kalorien: 500 kcal   Vitamin A*: 10 %
Kohlenhydrate: 80 g   Vitamin C*: 30 %
Proteine: 20 g   Kalzium*: 5 %
Ballaststoffe: 5 g   Eisen*: 15 %
Fette: 10 g

*des täglichen Bedarfs

~$ Kochen unter dem Radar
{Von Nerds für Nerds}

TCHS Terminal

File   Edit   View   Search   Terminal   Help

```
c00king@haxx0rs:~$ less Zubereitung.txt
```

🕐 Zubereitungszeit: ca. 30 Minuten

1. Die Würstchen in ca. 2 cm dicke Stücke schneiden. Die Spaghetti durch die Würstchenstücke stecken.

2. Einen großen Topf mit Wasser zum Kochen bringen. Die Spaghetti-Würstchen-Mischung hinzufügen und nach Packungsanleitung der Spaghetti kochen.

3. In der Zwischenzeit die Paprikas, Zwiebel und Knoblauch fein hacken. In einer großen Pfanne das Öl erhitzen und das Gemüse darin anbraten. Die Champignons und den Mais hinzufügen und mitbraten.

4. Die gekochten Spaghetti-Würstchen abgießen und in die Pfanne zum Gemüse geben. Mit Sojasoße, Salz und Pfeffer abschmecken.

 Serviervorschlag: Die Spaghetti-Würstchen-Mischung auf Teller verteilen und nach Belieben mit frischen Kräutern garnieren.

Guten Appetit!

Info Terminal ➕ ➖ ✖

File   Edit   View   Search   Terminal   Help

```
c00king@haxxors:~$ less Info.txt
```

Spagetti ala Amore ist eine kreative und kinderfreundliche Variante des klassischen Spaghetti-Gerichts. Diese Zubereitungsweise stammt aus Italien und erfreut sich vor allem bei Familien großer Beliebtheit. Die Idee, Spaghetti durch Würstchen zu stecken, ist nicht nur originell, sondern auch eine unter- haltsame Möglichkeit, Kinder zum Essen zu animieren. Dieses Gericht kombiniert die Einfachheit der Pasta mit der herzhaften Note der Würstchen und dem frischen Geschmack von Gemüse.

~$ Kochen unter dem Radar
{Von Nerds für Nerds}

TCHS Terminal

File   Edit   View   Search   Terminal   Help

`c00king@haxx0rs:~$ less Zutaten.txt`

☆ Spargel Quiche

⚇ Zutaten für 4 Personen:

O 1 Rolle Quiche- bzw. Tarteteig
O 2 Zwiebeln
O 150 g Schinkenwürfel
O 1 Stange Lauch
O 4 Eier
O 150 g Streukäse
O 250 ml Sahne oder Creme Fine (7%)
O 250 g grüner Spargel
O Salz, Pfeffer, Muskat

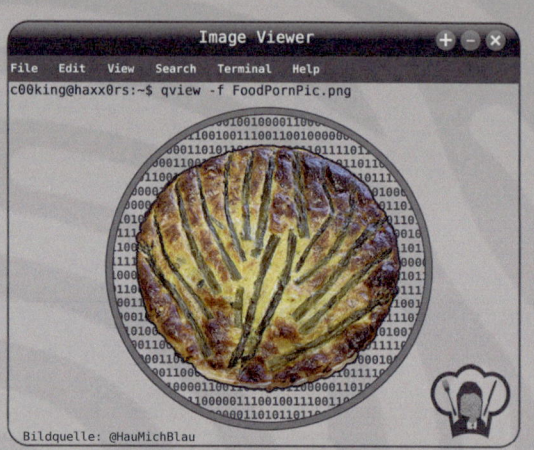

Image Viewer

File   Edit   View   Search   Terminal   Help

`c00king@haxx0rs:~$ qview -f FoodPornPic.png`

Bildquelle: @HauMichBlau

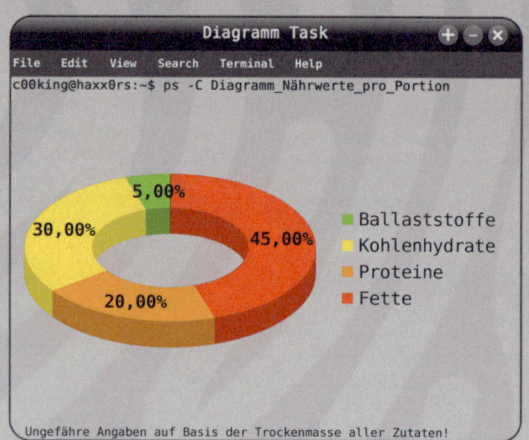

Diagramm Task

File   Edit   View   Search   Terminal   Help

`c00king@haxx0rs:~$ ps -C Diagramm_Nährwerte_pro_Portion`

5,00%
30,00%
45,00%
20,00%

- 🟩 Ballaststoffe
- 🟨 Kohlenhydrate
- 🟧 Proteine
- 🟥 Fette

Ungefähre Angaben auf Basis der Trockenmasse aller Zutaten!

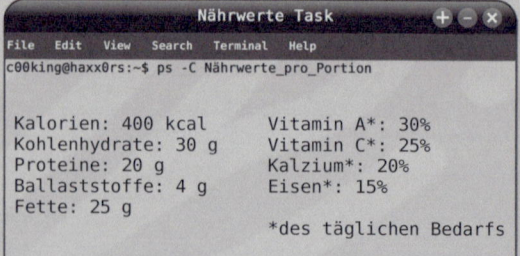

Nährwerte Task

File   Edit   View   Search   Terminal   Help

`c00king@haxx0rs:~$ ps -C Nährwerte_pro_Portion`

Kalorien: 400 kcal   Vitamin A*: 30%
Kohlenhydrate: 30 g   Vitamin C*: 25%
Proteine: 20 g   Kalzium*: 20%
Ballaststoffe: 4 g   Eisen*: 15%
Fette: 25 g

*des täglichen Bedarfs

~$ Kochen unter dem Radar
{Von Nerds für Nerds}

TCHS Terminal

File   Edit   View   Search   Terminal   Help

`c00king@haxx0rs:~$ less Zubereitung.txt`

🕒 Zubereitungszeit: ca. 60 Minuten

1. Zwiebeln, Schinkenwürfel und Lauch in einer Pfanne schön durchschmoren und etwas abkühlen lassen.

2. Eier, Streukäse und Sahne (Creme Fine) zusammenrühren.

3. Den Teig in die Form legen, die Füllung darauf verteilen und dann mit der Eiermasse übergießen.

4. Spargelstangen darauf legen und bei 180 Grad im Ofen ca. 40 Minuten backen.

🍽 Serviervorschlag: Die Quiche in Stücke schneiden und warm servieren. Dazu passt ein grüner Salat.

Guten Appetit!

Info Terminal

File   Edit   View   Search   Terminal   Help

`c00king@haxxors:~$ less Info.txt`

Die Spargel-Quiche stammt aus der französischen Küche und ist besonders in der Region Elsass beliebt.Die Hauptzutaten sind frischer Spargel, Eier und Sahne, die in einem Teigboden gebacken werden. Spargel ist eine Saisonpflanze und im Frühling erhältlich, was diese Quiche zu einer typischen Frühlingsspeise macht. Traditionell wird die Quiche als Vorspeise oder Hauptgericht serviert und kann warm oder kalt gegessen werden.

🌐 **https://de.wikipedia.org/wiki/Quiche**

~$ Kochen unter dem Radar
{Von Nerds für Nerds}

TCHS Terminal

File   Edit   View   Search   Terminal   Help

`c00king@haxx0rs:~$ less Zutaten.txt`

☆ Rib Eye Steak ala Strindberg

⚥ Zutaten für 4 Personen:

- 4 Rib Eye Steaks
- 100 g Parmesan
- 2 Zwiebeln
- 200 g Champignons
- 2 EL Butter
- Salz und Pfeffer
- 800 g Pommes Frites
- 200 g Mayonnaise
- 1 EL Zitronensaft
- 1 kleine Zwiebel, fein gehackt
- 1 TL Zucker

Image Viewer

File   Edit   View   Search   Terminal   Help

`c00king@haxx0rs:~$ qview -f FoodPornPic.png`

Bildquelle: @Rainer_Zufall

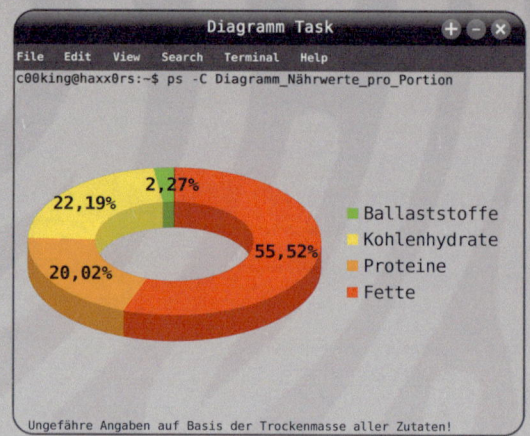

Diagramm Task

File   Edit   View   Search   Terminal   Help

`c00king@haxx0rs:~$ ps -C Diagramm_Nährwerte_pro_Portion`

- 2,27% Ballaststoffe
- 22,19% Kohlenhydrate
- 20,02% Proteine
- 55,52% Fette

Ungefähre Angaben auf Basis der Trockenmasse aller Zutaten!

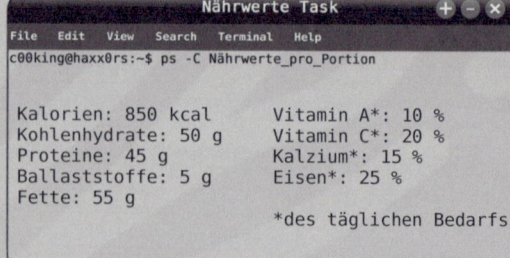

Nährwerte Task

File   Edit   View   Search   Terminal   Help

`c00king@haxx0rs:~$ ps -C Nährwerte_pro_Portion`

Kalorien: 850 kcal   Vitamin A*: 10 %
Kohlenhydrate: 50 g   Vitamin C*: 20 %
Proteine: 45 g   Kalzium*: 15 %
Ballaststoffe: 5 g   Eisen*: 25 %
Fette: 55 g

*des täglichen Bedarfs

~$ Kochen unter dem Radar
{Von Nerds für Nerds}

TCHS Terminal

File   Edit   View   Search   Terminal   Help

```
c00king@haxx0rs:~$ less Zubereitung.txt
```

🕒 Zubereitungszeit: ca. 45 Minuten

1. Die Rib Eye Steaks auf Zimmertemperatur bringen und mit Salz und Pfeffer würzen.

2. Den Parmesan reiben und mit den gehackten Zwiebeln und Champignons mischen.

3. Butter in einer Pfanne erhitzen und die Steaks darin beidseitig anbraten, bis sie die gewünschte Garstufe erreichen. Die Steaks aus der Pfanne nehmen und warm halten.

4. Die Parmesan-Zwiebel-Champignon-Mischung in der Pfanne anbraten, bis die Zwiebeln weich und der Käse geschmolzen ist.

5. Die Steaks auf Teller legen und mit der Mischung bedecken.

6. Pommes Frites nach Packungsanweisung im Ofen oder der Fritteuse zubereiten.

7. Für die Sauce die Mayonnaise mit Zitronensaft, gehackter Zwiebel und Zucker mischen. Gut verrühren.

🤖 Serviervorschlag: Steaks mit den Pommes Frites und der Zwiebel-Mayonnaise Sauce servieren.

   Guten Appetit!

Info Terminal

File   Edit   View   Search   Terminal   Help

```
c00king@haxxors:~$ less Info.txt
```

Das Rib Eye Steak ala Strindberg ist eine Variante des klassischen Rib Eye Steaks, benannt nach dem schwedischen Autor August Strindberg. Dieses Gericht kombiniert saftiges Rib Eye Steak mit einer würzigen Parmesan-Zwiebel-Champignon-Kruste. Es ist besonders in Skandinavien beliebt. Die Zutaten wie Parmesan und hampignons sind regional und saisonal unterschiedlich verfügbar.

~$ Kochen unter dem Radar
{Von Nerds für Nerds}

TCHS Terminal ⊕ ⊖ ✕

File   Edit   View   Search   Terminal   Help

`c00king@haxx0rs:~$ less Zutaten.txt`

☆ Gefüllte Hähnchenbrust mit
Schwarzwälder Schinken

⚇ Zutaten für 4 Personen:

○ 4 Hähnchenbrüste
○ 8 Scheiben Schwarzwälder
Schinken
○ 12 frische Salbeiblätter
○ 4 EL rotes Pesto
○ Mehl (zum Panieren)
○ 2 Eier (verquirlt)
○ Semmelbrösel (zum Panieren)
○ Salz und Pfeffer
○ Paprikapulver
○ Öl oder Butter (zum Braten)
○ 1 Zwiebel
○ 200 ml Weißwein
○ 200 ml Sahne
○ Reis (als Beilage)
○ Grüner Spargel (als Beilage)

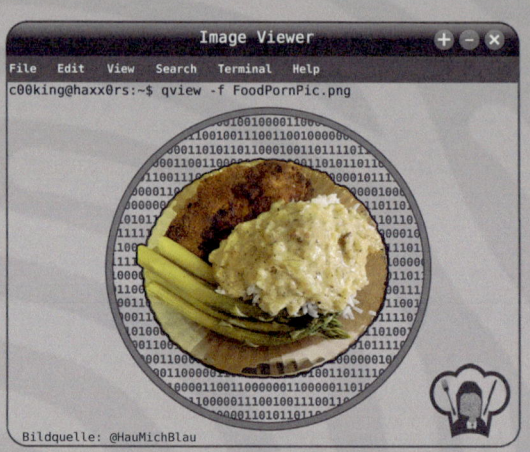

Image Viewer ⊕ ⊖ ✕

File   Edit   View   Search   Terminal   Help

`c00king@haxx0rs:~$ qview -f FoodPornPic.png`

Bildquelle: @HauMichBlau

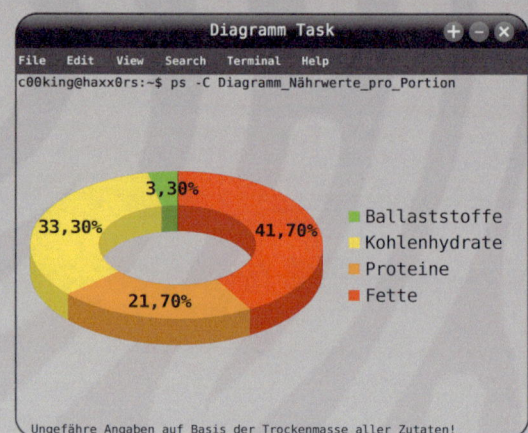

Diagramm Task ⊕ ⊖ ✕

File   Edit   View   Search   Terminal   Help

`c00king@haxx0rs:~$ ps -C Diagramm_Nährwerte_pro_Portion`

- 3,30%
- 33,30%
- 41,70%
- 21,70%

🟩 Ballaststoffe
🟨 Kohlenhydrate
🟧 Proteine
🟥 Fette

Ungefähre Angaben auf Basis der Trockenmasse aller Zutaten!

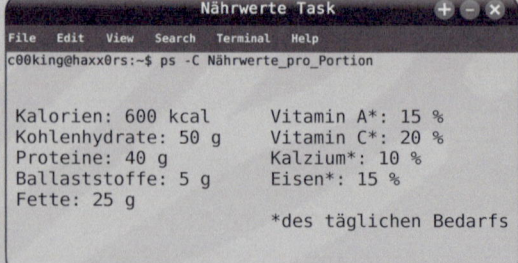

Nährwerte Task ⊕ ⊖ ✕

File   Edit   View   Search   Terminal   Help

`c00king@haxx0rs:~$ ps -C Nährwerte_pro_Portion`

Kalorien: 600 kcal   Vitamin A*: 15 %
Kohlenhydrate: 50 g   Vitamin C*: 20 %
Proteine: 40 g   Kalzium*: 10 %
Ballaststoffe: 5 g   Eisen*: 15 %
Fette: 25 g

*des täglichen Bedarfs

~$ Kochen unter dem Radar
{Von Nerds für Nerds}

TCHS Terminal

File   Edit   View   Search   Terminal   Help

c00king@haxx0rs:~$ less Zubereitung.txt

🕒 Zubereitungszeit: ca. 60 Minuten

1. Hähnchenbrüste aufschneiden und mit Schwarzwälder Schinken, Salbeiblättern
   und rotem Pesto füllen. Mit Zahnstochern fixieren.

2. Die gefüllten Hähnchenbrüste in Mehl, dann in verquirltem Ei und
   schließlich in Semmelbröseln wenden.

3. In einer Pfanne mit Öl oder Butter goldbraun und knusprig braten.
   Warm   halten.

4. Für die Soße die Zwiebel klein schneiden und in der Pfanne anschwitzen.
   Mit Weißwein ablöschen und reduzieren lassen. Sahne hinzufügen und die
   Soße einkochen lassen, bis sie cremig ist. Mit Salz und Pfeffer
   abschmecken.

5. Reis nach Packungsanweisung kochen. Spargel putzen und in kochendem Wasser
   bissfest garen.

♟ Serviervorschlag: Die gefüllten Hähnchenbrüste mit der Zwiebel-Weißwein-
   Rahmsauce, Reis und Spargel anrichten.

   Guten Appetit!

Info Terminal

File   Edit   View   Search   Terminal   Help

c00king@haxxors:~$ less Info.txt

Dieses Gericht stammt aus Deutschland und kombiniert traditionell gefüllte
Hähnchenbrust mit Schwarzwälder Schinken, einem beliebten Schinken aus der
Schwarzwaldregion. Salbei und rotes Pesto verleihen dem Gericht eine
besondere Note. Die Zwiebel-Weißwein-Rahmsauce ergänzt das Gericht perfekt.
Spargel und Reis sind typische Beilagen, die je nach Saison variieren können.

~$ Kochen unter dem Radar
{Von Nerds für Nerds}

TCHS Terminal   + − ✕

File   Edit   View   Search   Terminal   Help

`c00king@haxx0rs:~$ less Zutaten.txt`

☆ Rinderrouladen mit
Schmorzwiebeln, Kartoffeln und
Gurkensalat

👥 Zutaten für 4 Personen:

- ○ 4 Rinderrouladen
- ○ 4 Zwiebeln
- ○ 8 Kartoffeln
- ○ 2 Salatgurken
- ○ 200 ml Schmand
- ○ 2 EL Essig
- ○ 1 TL Zucker
- ○ Salz und Pfeffer
- ○ 2 EL Senf
- ○ 4 Scheiben Speck
- ○ 4 Gewürzgurken
- ○ 1 EL Butter
- ○ 2 EL Pflanzenöl

Image Viewer   + − ✕

File   Edit   View   Search   Terminal   Help

`c00king@haxx0rs:~$ qview -f FoodPornPic.png`

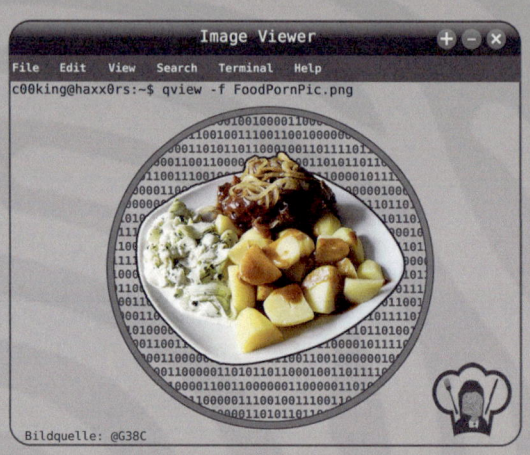

Bildquelle: @G38C

Diagramm Task   + − ✕

File   Edit   View   Search   Terminal   Help

`c00king@haxx0rs:~$ ps -C Diagramm_Nährwerte_pro_Portion`

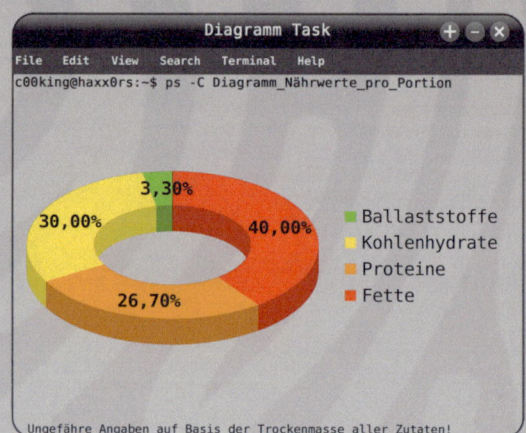

- 🟩 Ballaststoffe
- 🟨 Kohlenhydrate
- 🟧 Proteine
- 🟥 Fette

3,30% 40,00% 30,00% 26,70%

Ungefähre Angaben auf Basis der Trockenmasse aller Zutaten!

Nährwerte Task   + − ✕

File   Edit   View   Search   Terminal   Help

`c00king@haxx0rs:~$ ps -C Nährwerte_pro_Portion`

Kalorien: 600 kcal   Vitamin A*: 20 %
Kohlenhydrate: 45 g   Vitamin C*: 30 %
Proteine: 40 g   Kalzium*: 15 %
Ballaststoffe: 5 g   Eisen*: 25 %
Fette: 30 g

*des täglichen Bedarfs

~$ Kochen unter dem Radar
{Von Nerds für Nerds}

TCHS Terminal

File   Edit   View   Search   Terminal   Help

```
c00king@haxx0rs:~$ less Zubereitung.txt
```

Zubereitungszeit: ca. 2 Stunden

1. Die Rinderrouladen flach klopfen und mit Salz und Pfeffer würzen. Mit Senf
   bestreichen, je eine Scheibe Speck und eine Gewürzgurke darauflegen,
   aufrollen und mit Zahnstochern fixieren.

2. Die Zwiebeln schälen und in Ringe schneiden. Die Butter in einem Bräter
   erhitzen, die Rouladen von allen Seiten anbraten, die Zwiebeln dazugeben
   und mitbraten. Mit Wasser oder Brühe ablöschen und ca. 1,5 Stunden
   schmoren lassen.

3. Die Kartoffeln schälen, in Stücke schneiden und in Salzwasser kochen,
   bis sie gar sind.

4. Die Gurken schälen, in dünne Scheiben schneiden, mit Salz bestreuen und
   ca. 10 Minuten ziehen lassen. Danach das Salz abwaschen, die Gurken-
   scheiben mit Schmand, Essig, Zucker, Salz und Pfeffer abschmecken.

 Serviervorschlag: Die Rinderrouladen mit den Schmorzwiebeln und der Soße,
dazu die Kartoffeln und den Gurkensalat auf Tellern anrichten.

Guten Appetit!

Info Terminal

File   Edit   View   Search   Terminal   Help

```
c00king@haxxors:~$ less Info.txt
```

Rinderrouladen mit Schmorzwiebeln, Kartoffeln und Gurkensalat ist ein
klassisches deutsches Gericht. Die Rinderroulade, aus dünn geschnittenem
Rindfleisch, wird mit Senf bestrichen, mit Speck, Zwiebeln und Gurken
gefüllt, gerollt und geschmort. Diese Methode ist seit dem 19. Jahrhundert in
Deut-schland verbreitet und macht zäheres Fleisch zart. Kartoffeln sind seit
dem 18. Jahrhundert ein deutsches Grundnahrungsmittel und werden oft als
Beilage serviert. Gurkensalat, mit Dill, Essig und Sahne oder Joghurt,
ergänzt die herzhaften Rouladen und Kartoffeln. Dieses Gericht symbolisiert
die deutsche Hausmannskost mit ihren reichen Aromen und lokalen Zutaten.

~$ Kochen unter dem Radar
{Von Nerds für Nerds}

TCHS Terminal

File   Edit   View   Search   Terminal   Help

c00king@haxx0rs:~$ less Zutaten.txt

☆ Tortellini mit Räucherlachs und Garnelen

⚒ Zutaten für 4 Personen:

- ○ 500 g Tortellini
- ○ 200 g Räucherlachs, in Streifen geschnitten
- ○ 150 g Garnelen, in Chili-Öl eingelegt
- ○ 1 Zwiebel, fein gehackt
- ○ 2 Knoblauchzehen, fein gehackt
- ○ 400 g stückige Tomaten (aus der Dose)
- ○ 200 ml Sahne
- ○ 100 ml Gemüsebrühe
- ○ 2 EL Olivenöl
- ○ 1 TL getrockneter Oregano
- ○ 1 TL getrocknetes Basilikum
- ○ Salz und Pfeffer nach Geschmack

Image Viewer

File   Edit   View   Search   Terminal   Help

c00king@haxx0rs:~$ qview -f FoodPornPic.png

Bildquelle: @Sunny

Diagramm Task

File   Edit   View   Search   Terminal   Help

c00king@haxx0rs:~$ ps -C Diagramm_Nährwerte_pro_Portion

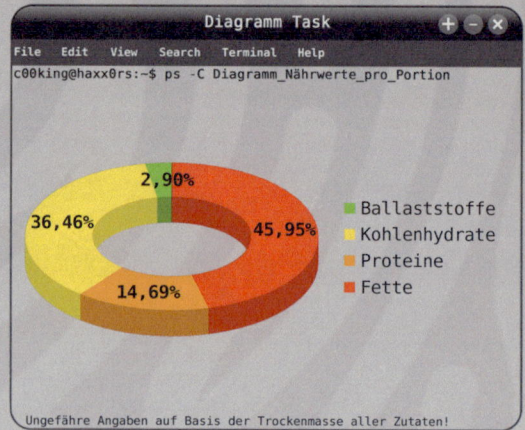

- 2,90%
- 36,46%
- 45,95%
- 14,69%
- ■ Ballaststoffe
- ■ Kohlenhydrate
- ■ Proteine
- ■ Fette

Ungefähre Angaben auf Basis der Trockenmasse aller Zutaten!

Nährwerte Task

File   Edit   View   Search   Terminal   Help

c00king@haxx0rs:~$ ps -C Nährwerte_pro_Portion

Kalorien: 680 kcal
Kohlenhydrate: 45 g
Proteine: 25 g
Ballaststoffe: 5 g
Fette: 35 g

Vitamin A*: 25 %
Vitamin C*: 30 %
Kalzium*: 15 %
Eisen*: 20 %

*des täglichen Bedarfs

~$ Kochen unter dem Radar
{Von Nerds für Nerds}

TCHS Terminal ⊕ ⊖ ✕

File   Edit   View   Search   Terminal   Help

`c00king@haxx0rs:~$ less Zubereitung.txt`

🕒 Zubereitungszeit: ca. 30 Minuten

1. Vorbereitung: Die Tortellini nach Packungsanweisung in Salzwasser kochen und abtropfen lassen.

2. Soße zubereiten: In einer großen Pfanne Olivenöl erhitzen. Zwiebel und Knoblauch darin glasig dünsten. Die stückigen Tomaten hinzufügen und etwa 5 Minuten köcheln lassen.

3. Räucherlachs und Garnelen hinzufügen: Den Räucherlachs und die Garnelen in die Soße geben und gut vermengen. Mit Oregano, Basilikum, Salz und Pfeffer würzen.

4. Soße verfeinern: Sahne und Gemüsebrühe zur Soße geben und gut umrühren. Die Soße bei mittlerer Hitze etwa 10 Minuten köcheln lassen, bis sie etwas eingedickt ist.

5. Tortellini unterheben: Die gekochten Tortellini in die Pfanne geben und vorsichtig unter die Soße heben. Alles gut vermischen, damit die Tortellini die Soße aufnehmen.

🍽 Serviervorschlag: Heiß servieren, nach Belieben mit frischem Basilikum oder geriebenem Parmesan garnieren.

Guten Appetit!

Info Terminal ⊕ ⊖ ✕

File   Edit   View   Search   Terminal   Help

`c00king@haxxors:~$ less Info.txt`

Tortellini ist eine traditionelle italienische Pastasorte, die typischerweise mit Fleisch, Käse oder Gemüse gefüllt ist. Sie stammen ursprünglich aus der Region Emilia-Romagna, insbesondere aus Bologna und Modena. In diesem Rezept wurden die klassischen Tortellini mit Räucherlachs und in Chili-Öl eingelegten Garnelen kombiniert, um dem Gericht eine besondere Note zu verleihen. Diese Variation ist nicht traditionell, zeigt jedoch die Vielseitigkeit der Tortellini in modernen Rezepten.

~$ Kochen unter dem Radar
{Von Nerds für Nerds}

TCHS Terminal ⊕ ⊖ ⊗

File   Edit   View   Search   Terminal   Help

`c00king@haxx0rs:~$ less Zutaten.txt`

☆ Hackbällchen Türkischer Art mit Kognac-Nudeln und Couscous-Salat

👫 Zutaten für 4 Personen:

- ○ 500g Hackfleisch (Rind oder Lamm)
- ○ 1 Zwiebel, fein gehackt
- ○ 2 Knoblauchzehen, fein gehackt
- ○ 1 Ei
- ○ 50g Semmelbrösel
- ○ 1 Bund Petersilie, fein gehackt
- ○ 1 TL Kreuzkümmel
- ○ 1 TL Paprikapulver
- ○ Salz und Pfeffer nach Geschmack
- ○ Öl zum Anbraten
- ○ 400g Kognac-Nudeln
- ○ 2 EL Sesamöl
- ○ 2 EL Sojasoße
- ○ 2 EL Reisessig
- ○ 2 EL Zucker
- ○ 1 EL Tomatenmark
- ○ 1 TL Ingwer, fein gehackt
- ○ 1 TL Chiliflocken
- ○ 250g Couscous
- ○ 1 rote Paprika, gewürfelt
- ○ 1 kleine rote Zwiebel, fein gehackt
- ○ 200g Feta-Käse, gewürfelt
- ○ 2 EL Olivenöl
- ○ 1 EL Zitronensaft
- ○ 1 TL Kreuzkümmel
- ○ 1 Bund Petersilie, fein gehackt
- ○ Salz und Pfeffer nach Geschmack

Image Viewer ⊕ ⊖ ⊗

File   Edit   View   Search   Terminal   Help

`c00king@haxx0rs:~$ qview -f FoodPornPic.png`

Bildquelle: @HansMaulwurfderDritte

Diagramm Task ⊕ ⊖ ⊗

File   Edit   View   Search   Terminal   Help

`c00king@haxx0rs:~$ ps -C Diagramm_Nährwerte_pro_Portion`

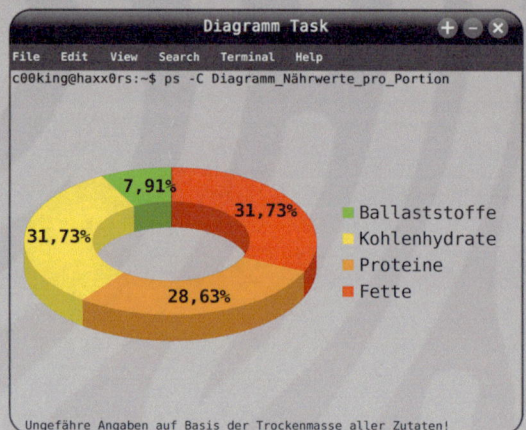

7,91%
31,73%
31,73%
28,63%

- 🟩 Ballaststoffe
- 🟨 Kohlenhydrate
- 🟧 Proteine
- 🟥 Fette

Ungefähre Angaben auf Basis der Trockenmasse aller Zutaten!

Nährwerte Task ⊕ ⊖ ⊗

File   Edit   View   Search   Terminal   Help

`c00king@haxx0rs:~$ ps -C Nährwerte_pro_Portion`

Kalorien: 700 kcal	Vitamin A*: 30 %
Kohlenhydrate: 40 g	Vitamin C*: 30 %
Proteine: 36 g	Kalzium*: 22 %
Ballaststoffe: 10 g	Eisen*: 31 %
Fette: 40 g	

*des täglichen Bedarfs

~$ Kochen unter dem Radar
{Von Nerds für Nerds}

TCHS Terminal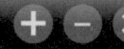

File   Edit   View   Search   Terminal   Help

`c00king@haxx0rs:~$ less Zubereitung.txt`

🕒 Zubereitungszeit: ca. 65 Minuten

Hackbällchen:
1. Das Hackfleisch in eine Schüssel geben und die fein gehackten Zwiebeln und den Knoblauch hinzufügen.
2. Ei, Semmelbrösel, Petersilie und Gewürze hinzufügen und gut vermischen.
3. Aus der Masse kleine Bällchen formen.
4. Öl in einer Pfanne erhitzen und die Bällchen darin rundherum goldbraun anbraten.
5. Die fertigen Hackbällchen auf Küchenpapier abtropfen lassen.

Kognac-Nudeln:
1. Die Kognac-Nudeln abspülen und abtropfen lassen.
2. Sesamöl in einer Pfanne erhitzen und den Knoblauch und Ingwer darin anbraten.
3. Tomatenmark hinzufügen und kurz mit anrösten.
4. Zucker, Sojasoße, Reisessig und Chiliflocken hinzufügen und gut verrühren.
5. Die Kognac-Nudeln hinzufügen und alles gut vermischen.
6. Mit Salz und Pfeffer abschmecken.

Couscous-Salat:
1. Couscous nach Packungsanweisung zubereiten und abkühlen lassen.
2. Paprika, Zwiebel, Feta und Petersilie in eine große Schüssel geben.
3. Den abgekühlten Couscous hinzufügen und gut vermischen.
4. Olivenöl, Zitronensaft, Kreuzkümmel, Salz und Pfeffer hinzufügen und alles gut vermengen.

♟ Serviervorschlag: Hackbällchen mit Kognac-Nudeln und Couscous-Salat auf einem Teller anrichten. Mit Minzblättern und Joghurt-Dip garnieren.

   Guten Appetit!

Info Terminal

File   Edit   View   Search   Terminal   Help

`c00king@haxxors:~$ less Info.txt`

Hackbällchen Türkischer Art, Kognac-Nudeln und Couscous-Salat vereinen verschiedene kulinarische Traditionen. Hackbällchen, auch bekannt als Köfte, sind ein klassisches türkisches Gericht, das häufig mit Lamm oder Rind zubereitet wird. Die Kognac-Nudeln, auch bekannt als Shirataki-Nudeln, stammen aus Japan und sind für ihre geringe Kalorienanzahl bekannt. Der Couscous-Salat ist eine nordafrikanische Spezialität und wird oft kalt als Beilage oder Hauptgericht serviert. Dieses Gericht kombiniert die würzigen Aromen der tür-kischen Küche, die Leichtigkeit der japanischen Nudeln und die Frische des nordafrikanischen Salats zu einer vielfältigen und ausgewogenen Mahlzeit.

~$ Kochen unter dem Radar
{Von Nerds für Nerds}

TCHS Terminal + − ✕

File   Edit   View   Search   Terminal   Help

`c00king@haxx0rs:~$ less Zutaten.txt`

☆ Pasta Linguine mit selbstgemachter Bolognese

⚇ Zutaten für 4 Personen:

- 2 Zwiebeln
- 500 g Rinderhackfleisch
- 2 Knoblauchzehen
- 1 halbe Tube Tomatenmark
- 1 Dose passierte Tomaten (ca. 400 ml)
- 4 TL italienischer Kräutermix (gefroren)
- 4 frische Basilikumblätter
- Etwas Gemüsefond oder 1-2 TL Instant Gemüsebrühe
- 2 große Löffel Creme Fraîche
- 2 große Löffel Kräuterquark
- Etwas Heinz Tomatenketchup (optional)
- 400 g Linguine
- Salz, Pfeffer (schwarz & weiß), Paprika

Image Viewer + − ✕

File   Edit   View   Search   Terminal   Help

`c00king@haxx0rs:~$ qview -f FoodPornPic.png`

Bildquelle: @G38C

Diagramm Task + − ✕

File   Edit   View   Search   Terminal   Help

`c00king@haxx0rs:~$ ps -C Diagramm_Nährwerte_pro_Portion`

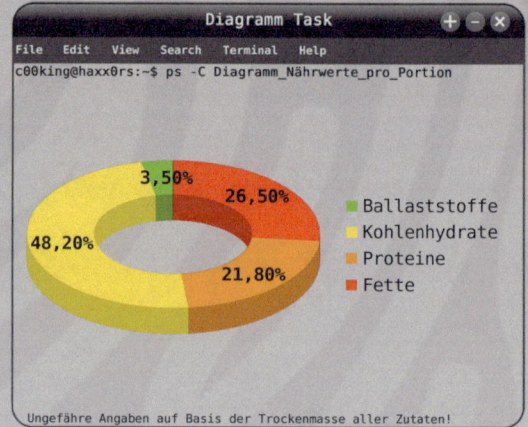

- 3,50%
- 26,50%
- 48,20%
- 21,80%

- 🟩 Ballaststoffe
- 🟨 Kohlenhydrate
- 🟧 Proteine
- 🟥 Fette

Ungefähre Angaben auf Basis der Trockenmasse aller Zutaten!

Nährwerte Task + − ✕

File   Edit   View   Search   Terminal   Help

`c00king@haxx0rs:~$ ps -C Nährwerte_pro_Portion`

Kalorien: 680 kcal	Vitamin A*: 30%
Kohlenhydrate: 82 g	Vitamin C*: 40%
Proteine: 34 g	Kalzium*: 20%
Ballaststoffe: 6 g	Eisen*: 25%
Fette: 20 g	

*des täglichen Bedarfs

~$ Kochen unter dem Radar
{Von Nerds für Nerds}

TCHS Terminal

File   Edit   View   Search   Terminal   Help

`c00king@haxx0rs:~$ less Zubereitung.txt`

🕑 Zubereitungszeit: ca. 2 Stunden

1. Zwiebeln schälen und fein würfeln. In etwas Öl in einem großen Topf glasig andünsten.

2. Hackfleisch hinzufügen und anbraten, bis es krümelig und braun ist. Mit Salz, Pfeffer (schwarz & weiß) und Paprika würzen.

3. Knoblauchzehen fein hacken und zusammen mit dem Tomatenmark zum Hackfleisch geben. Kurz mitbraten.

4. Passierte Tomaten, gehackte Tomaten und den italienischen Kräutermix hinzufügen. Gut umrühren und aufkochen lassen.

5. Gemüsefond oder Instant Gemüsebrühe hinzufügen, frische Basilikumblätter einrühren und die Sauce mindestens 1,5 Stunden bei schwacher Hitze köcheln lassen.

6. Zum Schluss Creme Fraîche und Kräuterquark einrühren und weitere 30 Minuten köcheln lassen. Optional einen ganz kleinen Spritzer Heinz-Tomatenketchup hinzufügen.

7. Linguine nach Packungsanweisung in Salzwasser al dente kochen. Abgießen und sofort mit der Bolognese-Sauce servieren.

♟ Serviervorschlag: Mit frisch geriebenem Parmesan und Basilikumblättern garnieren.

   Guten Appetit!

Info Terminal

File   Edit   View   Search   Terminal   Help

`c00king@haxxors:~$ less Info.txt`

Die Bolognese-Sauce stammt aus der italienischen Stadt Bologna und ist ein traditionelles Gericht, das oft mit Tagliatelle oder Spaghetti serviert wird. Es gibt zahlreiche Variationen, aber alle beinhalten eine Kombination aus Fleisch, Tomaten und Gewürzen. Die Sauce wird oft über mehrere Stunden gekocht, um die Aromen voll zu entfalten. Ein Spritzer Ketchup am Ende ist ein moderner Tipp, der die Geschmacksnuancen verstärken kann.

~$ Kochen unter dem Radar
{Von Nerds für Nerds}

TCHS Terminal (+) (−) (×)

File   Edit   View   Search   Terminal   Help

`c00king@haxx0rs:~$ less Zutaten.txt`

☆ Schweinefilet im Blätterteigmantel mit Ofenkartoffeln

⚇ Zutaten (für 4 Personen):

- ○ 600 g Schweinefilet
- ○ 1 Rolle Blätterteig
- ○ 2 Zwiebeln
- ○ 3 EL Olivenöl
- ○ 1 Ei
- ○ Salz, Pfeffer
- ○ 4 große Kartoffeln
- ○ 2 EL Butter
- ○ Grobes Meersalz
- ○ 1 TL Paprikapulver

Image Viewer (+) (−) (×)

File   Edit   View   Search   Terminal   Help

`c00king@haxx0rs:~$ qview -f FoodPornPic.png`

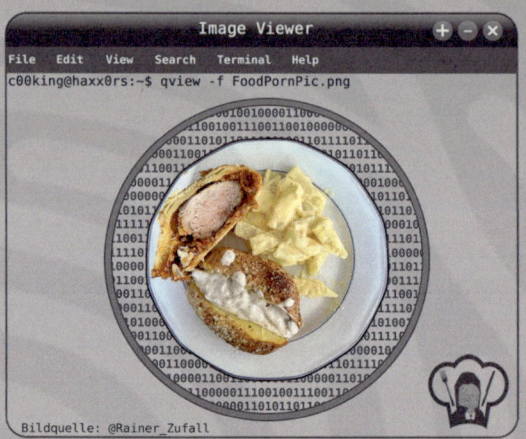

Bildquelle: @Rainer_Zufall

Diagramm Task (+) (−) (×)

File   Edit   View   Search   Terminal   Help

`c00king@haxx0rs:~$ ps -C Diagramm_Nährwerte_pro_Portion`

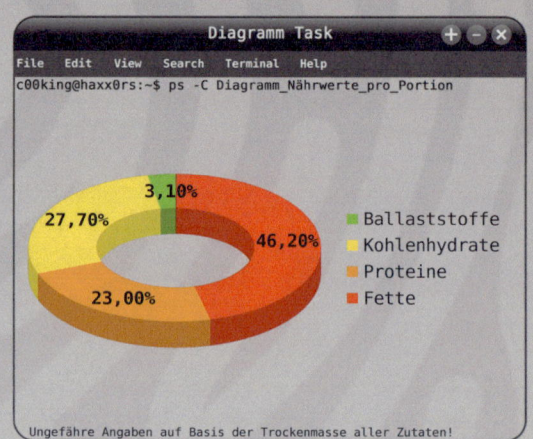

- 🟩 Ballaststoffe
- 🟨 Kohlenhydrate
- 🟧 Proteine
- 🟥 Fette

3,10%
27,70%
46,20%
23,00%

Ungefähre Angaben auf Basis der Trockenmasse aller Zutaten!

Nährwerte Task (+) (−) (×)

File   Edit   View   Search   Terminal   Help

`c00king@haxx0rs:~$ ps -C Nährwerte_pro_Portion`

Kalorien: 650 kcal   Vitamin A*: 10 %
Kohlenhydrate: 45 g   Vitamin C*: 15 %
Proteine: 40 g   Kalzium*: 8 %
Ballaststoffe: 5 g   Eisen*: 20 %
Fette: 30 g

*des täglichen Bedarfs

~$ Kochen unter dem Radar
{Von Nerds für Nerds}

TCHS Terminal ⊕ ⊖ ✕

File   Edit   View   Search   Terminal   Help

`c00king@haxx0rs:~$ less Zubereitung.txt`

🕑 Zubereitungszeit: ca. 1 Stunde

1. Schweinefilet salzen und pfeffern. In einer Pfanne mit 2 EL Olivenöl
   von allen Seiten scharf anbraten. Beiseitestellen und abkühlen lassen.

2. Zwiebeln schälen und fein würfeln. In der gleichen Pfanne mit 1 EL
   Olivenöl glasig dünsten. Abkühlen lassen.

3. Den Blätterteig ausrollen. Zwiebeln auf dem Blätterteig verteilen und
   das Schweinefilet darauflegen. Blätterteig um das Filet wickeln und
   die Ränder gut andrücken.

4. Das Blätterteigpaket mit verquirltem Ei bestreichen und auf ein mit
   Backpapier ausgelegtes Backblech legen. Bei 200°C (Ober-/Unterhitze)
   etwa 25-30 Minuten backen, bis der Blätterteig goldbraun ist.

5. Die Kartoffeln waschen und halbieren. Die Schnittflächen mit Butter
   bestreichen und mit grobem Meersalz und Paprikapulver bestreuen.
   Die Kartoffeln in Alufolie wickeln und ebenfalls in den Ofen geben,
   bis sie weich sind (ca. 40 Minuten).

🍽 Serviervorschlag: Das Schweinefilet im Blätterteigmantel in Scheiben
   schneiden und zusammen mit den Ofenkartoffeln servieren.

   Guten Appetit!

Info Terminal ⊕ ⊖ ✕

File   Edit   View   Search   Terminal   Help

`c00king@haxxors:~$ less Info.txt`

Das Schweinefilet im Blätterteigmantel ist ein beliebtes Gericht in vielen
europäischen Ländern. Ursprünglich stammt es aus Frankreich, wo es als 'Filet
de porc en croûte' bekannt ist. Es ist besonders für festliche Anlässe ge-
eignet. Ofenkartoffeln sind eine einfache und leckere Beilage, die in vielen
Kulturen geschätzt wird.

~$ Kochen unter dem Radar
{Von Nerds für Nerds}

TCHS Terminal

File   Edit   View   Search   Terminal   Help

```
c00king@haxx0rs:~$ less Zutaten.txt
```

☆ Gehacktesstippe

⋈ Zutaten (für 4 Personen):

- ○ 500 g Hackfleisch (halb und halb)
- ○ 2 Zwiebeln
- ○ 2 Essiggurken
- ○ 1 EL Tomatenmark
- ○ 500 ml Gemüsebrühe
- ○ 2 EL Mehl
- ○ 2 EL Öl
- ○ Salz, Pfeffer, Paprika
- ○ 800 g Kartoffeln (für Kapü oder Salzkartoffeln)
- ○ 50 ml Milch (für Kapü)
- ○ 50 g Butter (für Kapü)

ⓘ Varianten:

- ○ Mit frischen Kräutern (z.B. Petersilie)
- ○ Mit Senf statt Tomatenmark
- ○ Mit Sauerrahm verfeinert

Image Viewer

File   Edit   View   Search   Terminal   Help

```
c00king@haxx0rs:~$ qview -f FoodPornPic.png
```

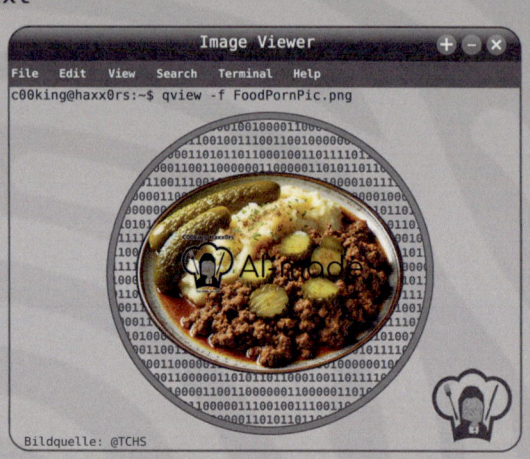

Bildquelle: @TCHS

Diagramm Task

File   Edit   View   Search   Terminal   Help

```
c00king@haxx0rs:~$ ps -C Diagramm_Nährwerte_pro_Portion
```

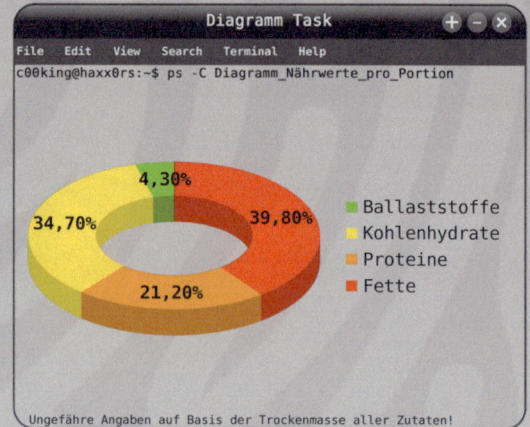

- 4,30%
- 34,70%
- 39,80%
- 21,20%

■ Ballaststoffe
■ Kohlenhydrate
■ Proteine
■ Fette

Ungefähre Angaben auf Basis der Trockenmasse aller Zutaten!

Nährwerte Task

File   Edit   View   Search   Terminal   Help

```
c00king@haxx0rs:~$ ps -C Nährwerte_pro_Portion
```

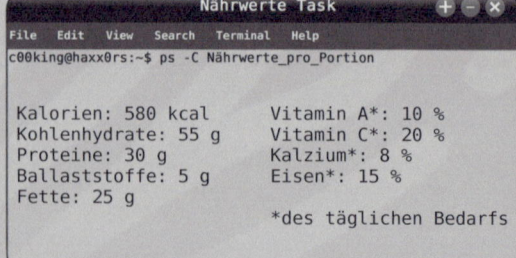

Kalorien: 580 kcal   Vitamin A*: 10 %
Kohlenhydrate: 55 g   Vitamin C*: 20 %
Proteine: 30 g   Kalzium*: 8 %
Ballaststoffe: 5 g   Eisen*: 15 %
Fette: 25 g

*des täglichen Bedarfs

~$ Kochen unter dem Radar
{Von Nerds für Nerds}

TCHS Terminal

`File   Edit   View   Search   Terminal   Help`

```
c00king@haxx0rs:~$ less Zubereitung.txt
```

🕒 Zubereitungszeit: ca. 45 Minuten

1. Die Zwiebeln schälen und fein würfeln. Die Essiggurken ebenfalls fein würfeln.

2. Das Öl in einer Pfanne erhitzen und das Hackfleisch darin krümelig anbraten. Die Zwiebeln hinzufügen und glasig dünsten.

3. Das Tomatenmark einrühren und kurz mitrösten. Mit dem Mehl bestäuben und ebenfalls kurz anschwitzen.

4. Die Gemüsebrühe unter Rühren dazugießen und aufkochen lassen. Die Essig gurken hinzufügen und die Soße etwa 10 Minuten köcheln lassen. Mit Salz, Pfeffer und Paprika abschmecken.

5. Währenddessen die Kartoffeln schälen, in Stücke schneiden und in Salz-wasser gar kochen. Für Kapü die Kartoffeln abgießen, mit Butter und Milch zerstampfen und mit Salz abschmecken. Alternativ die Kartoffeln als Salzkartoffeln servieren.

6. Gehacktesstippe mit Kapü oder Salzkartoffeln anrichten.

🍴 Serviervorschlag: Mit frischen Kräutern bestreuen und mit einem Klecks Sauerrahm servieren.

Guten Appetit!

Info Terminal

`File   Edit   View   Search   Terminal   Help`

```
c00king@haxxors:~$ less Info.txt
```

Gehackte Stippe, auch bekannt als Gehacktesstippe, ist ein traditionelles Gericht aus Sachsen-Anhalt und Thüringen. Der Begriff "Stippe" bedeutet Soße oder Tunke. Das Gericht wird oft mit Kartoffelpüree (Kapü) oder Salz-kartoffeln serviert. Varianten können frische Kräuter, Senf oder Sauerrahm enthalten. Es ist ein beliebtes Gericht für Familienessen und hat eine lange Geschichte in der deutschen Küche. Kapitän Ghandy hat es in Sunnys Kombüse bereits gegessen und als gut befunden.

🌐 https://de.wikipedia.org/wiki/Stippe

~$ Kochen unter dem Radar
{Von Nerds für Nerds}

TCHS Terminal

File   Edit   View   Search   Terminal   Help

```
c00king@haxx0rs:~$ less Zutaten.txt
```

☆ Tefteli mit Kurkuma-Reis

👥 Zutaten für 4 Personen:

- ○ 250g Rinderhack
- ○ 100g Weißbrot
- ○ Milch (zum Einweichen)
- ○ 2 Knoblauchzehen
- ○ Salz, Pfeffer
- ○ 1 Zwiebel
- ○ Butter
- ○ Mehl
- ○ 200g Tomatenmark
- ○ 1-2 Lorbeerblätter
- ○ Rinderfond
- ○ Saure Sahne oder Schlagsahne
- ○ Zitronensaft
- ○ 250g Basmati Naturreis
- ○ Ghee* (siehe Info Terminal)
- ○ Kurkuma
- ○ Curry

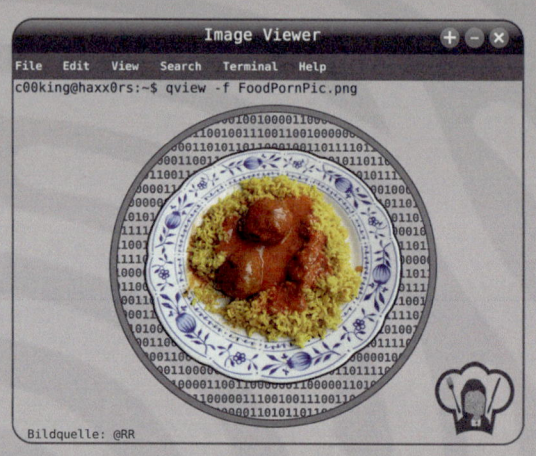

Image Viewer

File   Edit   View   Search   Terminal   Help

```
c00king@haxx0rs:~$ qview -f FoodPornPic.png
```

Bildquelle: @RR

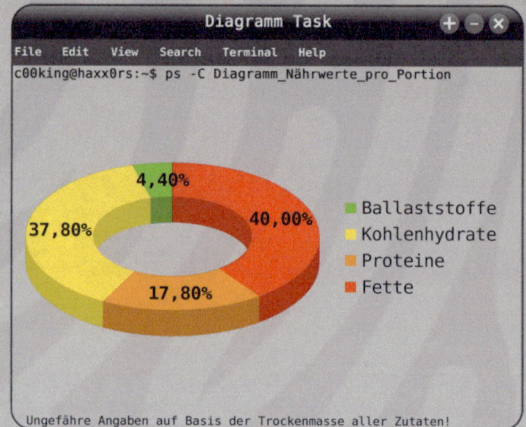

Diagramm Task

File   Edit   View   Search   Terminal   Help

```
c00king@haxx0rs:~$ ps -C Diagramm_Nährwerte_pro_Portion
```

4,40%
40,00%
37,80%
17,80%

- 🟩 Ballaststoffe
- 🟨 Kohlenhydrate
- 🟧 Proteine
- 🟥 Fette

Ungefähre Angaben auf Basis der Trockenmasse aller Zutaten!

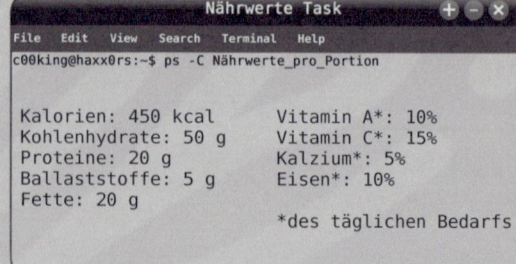

Nährwerte Task

File   Edit   View   Search   Terminal   Help

```
c00king@haxx0rs:~$ ps -C Nährwerte_pro_Portion
```

Kalorien: 450 kcal   Vitamin A*: 10%
Kohlenhydrate: 50 g   Vitamin C*: 15%
Proteine: 20 g   Kalzium*: 5%
Ballaststoffe: 5 g   Eisen*: 10%
Fette: 20 g

*des täglichen Bedarfs

~$ Kochen unter dem Radar
{Von Nerds für Nerds}

TCHS Terminal

File   Edit   View   Search   Terminal   Help

`c00king@haxx0rs:~$ less Zubereitung.txt`

Zubereitungszeit: ca. 60 Minuten

1. Den Basmati Naturreis in Ghee und Kurkuma anbraten, dann 2,5-fach Wasser,
   Salz und etwas Curry hinzugeben. 30 Minuten köcheln lassen und anschließend 15 Minuten ruhen lassen.

2. Das Rinderhack mit 100g in Milch eingeweichtem Weißbrot vermischen.
   Eine Knoblauchzehe würfeln und hinzufügen, Salz und viel Pfeffer sowie
   in Butter goldig gegahrte Zwiebelwürfel dazugeben.

3. Kugeln von 40-50g formen, in Mehl wälzen und in Butter anbraten.
   Bei obiger Menge entstehen ca. 9 Tefteli.

4. Die angebratenen Tefteli mit gutem Rinderfond übergießen, 200g
   Tomatenmark, 1-2 gewürfelte Knoblauchzehen, Salz, viel Pfeffer und 1-2
   Lorbeerblätter hinzufügen. 20-30 Minuten köcheln lassen. Zum Schluss
   noch etwas saure Sahne oder Schlagsahne (dann aber noch einen kleinen
   Schluck Zitronensaft) unterrühren.

Serviervorschlag: Auf einem Teller mit dem Kurkuma-Reis anrichten.

   Guten Appetit!

Info Terminal

File   Edit   View   Search   Terminal   Help

`c00king@haxxors:~$ less Info.txt`

Das Rezept stammt ursprünglich von dem DDR-Fernsehkoch Kurt Drummer und wurde
von Generation zu Generation weitergegeben und leicht abgewandelt.
Es kombiniert traditionelle osteuropäische Fleischbällchen (Tefteli) mit
aromatischem Kurkuma-Reis. Besonders die Vielseitigkeit der Zubereitung und
die Anpassungsfähigkeit der Zutaten machen dieses Gericht so beliebt.

[*Ghee] Geklärte Butter, oft in der indischen Küche verwendet.

 https://de.wikipedia.org/wiki/Kurt_Drummer

~$ Kochen unter dem Radar
{Von Nerds für Nerds}

TCHS Terminal

File   Edit   View   Search   Terminal   Help

`c00king@haxx0rs:~$ less Zutaten.txt`

☆ 3erlei Suppe

👥 Zutaten für 4 Personen:

○ Erbsensuppe mit Speck:
○ 500 g Erbsen (grün)
○ 200 g Speck
○ 1 Zwiebel
○ 1 Knoblauchzehe
○ 1 Liter Gemüsebrühe
○ Salz und Pfeffer

○ Gelbe Paprikasuppe (mild):
○ 4 gelbe Paprikaschoten
○ 200 g Frischkäse
○ 1 Zwiebel
○ 1 Knoblauchzehe
○ 1 Liter Gemüsebrühe
○ Salz und Pfeffer

○ Rote Paprikasuppe (scharf):
○ 4 rote Paprikaschoten
○ 100 g Chorizo
○ 200 g Frischkäse
○ 1 Zwiebel
○ 2 Knoblauchzehen
○ 1-2 Chilischoten
○ 1 Liter Gemüsebrühe
○ Salz und Pfeffer

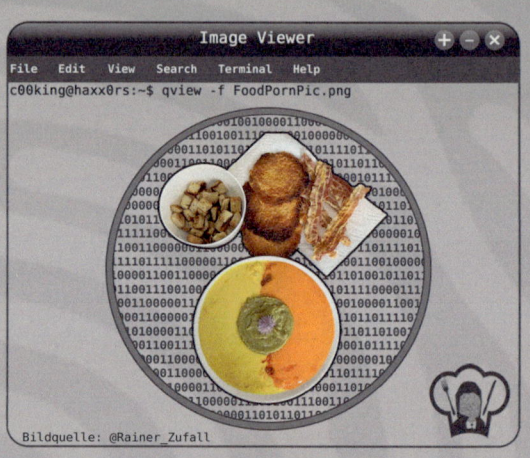

Image Viewer

File   Edit   View   Search   Terminal   Help

`c00king@haxx0rs:~$ qview -f FoodPornPic.png`

Bildquelle: @Rainer_Zufall

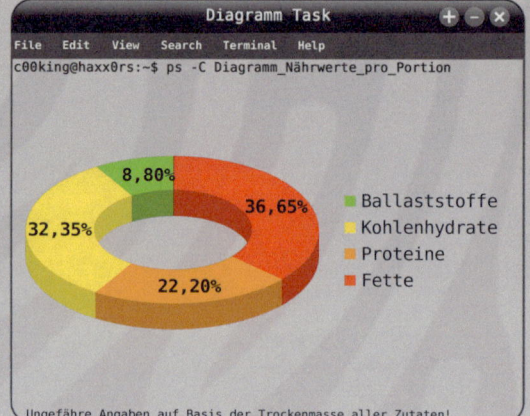

Diagramm Task

File   Edit   View   Search   Terminal   Help

`c00king@haxx0rs:~$ ps -C Diagramm_Nährwerte_pro_Portion`

8,80%
36,65%
32,35%
22,20%

- Ballaststoffe
- Kohlenhydrate
- Proteine
- Fette

Ungefähre Angaben auf Basis der Trockenmasse aller Zutaten!

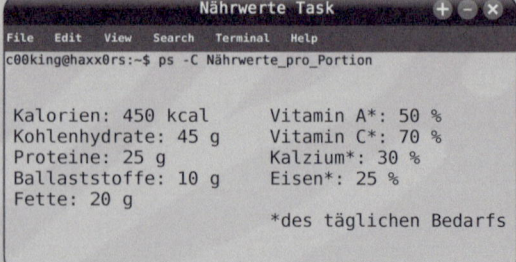

Nährwerte Task

File   Edit   View   Search   Terminal   Help

`c00king@haxx0rs:~$ ps -C Nährwerte_pro_Portion`

Kalorien: 450 kcal   Vitamin A*: 50 %
Kohlenhydrate: 45 g   Vitamin C*: 70 %
Proteine: 25 g   Kalzium*: 30 %
Ballaststoffe: 10 g   Eisen*: 25 %
Fette: 20 g

*des täglichen Bedarfs

~$ Kochen unter dem Radar
{Von Nerds für Nerds}

TCHS Terminal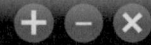

File Edit View Search Terminal Help

`c00king@haxx0rs:~$ less Zubereitung.txt`

🕐 Zubereitungszeit: ca. 1 Stunde

1. Erbsensuppe mit Speck: Speck würfeln und in einem Topf anbraten.
   Zwiebel und Knoblauch fein hacken, dazugeben und glasig dünsten.
   Erbsen hinzufügen und mit der Gemüsebrühe aufgießen.
   Aufkochen lassen und ca. 20 Minuten köcheln.
   Pürieren und mit Salz und Pfeffer abschmecken.

2. Gelbe Paprikasuppe (mild): Paprikaschoten waschen, entkernen und grob
   würfeln. Zwiebel und Knoblauch fein hacken und in einem Topf anbraten.
   Paprikastücke hinzufügen und mit der Gemüsebrühe aufgießen.
   Aufkochen lassen und ca. 15 Minuten köcheln.
   Frischkäse hinzufügen und pürieren. Mit Salz und Pfeffer abschmecken.

3. Rote Paprikasuppe (scharf): Paprikaschoten waschen, entkernen und grob
   würfeln. Zwiebel, Knoblauch und Chilischoten fein hacken und in einem
   Topf anbraten. Paprikastücke und gewürfelte Chorizo hinzufügen, einige
   Stücke zur Seite legen. Mit der Gemüsebrühe aufgießen, aufkochen und
   ca. 15 Minuten köcheln. Frischkäse hinzufügen und pürieren.
   Mit Salz und Pfeffer abschmecken und die beiseitegelegten Chorizo-Stücke
   wieder hinzufügen.

♟ Serviervorschlag: Die Suppen nacheinander in einen Ring auf den Teller
   gießen, um die Dreifarbigkeit zu bewahren. Als Beilage gerne Parmesan
   Chips, Croutons und Bacon separat dazu reichen.

   Guten Appetit!

Info Terminal

File Edit View Search Terminal Help

`c00king@haxxors:~$ less Info.txt`

"3erlei Suppe" kombiniert drei verschiedene Suppen auf einem Teller:
Erbsensuppe mit Speck, gelbe Paprikasuppe und rote Paprikasuppe mit Chorizo
und Chili. Dieses kreative Gericht ermöglicht es, verschiedene Geschmacksrichtungen und Texturen zu erleben. Erbsensuppe ist ein klassisches Gericht
in vielen europäischen Ländern und wird oft mit Speck zubereitet, um ihr eine
herzhafte Note zu verleihen. Paprikasuppe ist besonders in der mediterranen
Küche beliebt. Die Verwendung von Frischkäse anstelle von Sahne sorgt für
eine cremige Konsistenz ohne zu flüssig zu werden. Die Zugabe von Chorizo und
Chili in der roten Paprikasuppe verleiht ihr eine leichte Schärfe. Dieses Gericht ist nicht nur geschmacklich, sondern auch visuell ansprechend, es
eignet sich für besondere Anlässe oder als Highlight eines Menüs.

~$ Kochen unter dem Radar
{Von Nerds für Nerds}

TCHS Terminal ⊕ ⊖ ✕

File   Edit   View   Search   Terminal   Help

`c00king@haxx0rs:~$ less Zutaten.txt`

☆ Erbsenpüree Putenauflauf

⚇ Zutaten für 4 Personen:

○ 500g Kartoffeln
○ 400g Tiefkühlerbsen
○ 150-200ml Milch
○ Salz, Pfeffer, Muskat
○ 350ml Milch
○ 250ml Gemüsebrühe
○ Petersilie
○ Schnittlauch
○ 1 TL Guarkernmehl
○ 600g Putenschnitzel
○ Geräuchertes Paprikapulver
○ Knoblauchgranulat
○ Schwarzer, gemahlener Pfeffer
○ 500g gemischtes Gemüse
  (Karotten, grüne Bohnen,
  Erbsen, Mais)
○ Optional: geriebener Käse

Image Viewer ⊕ ⊖ ✕
File   Edit   View   Search   Terminal   Help
`c00king@haxx0rs:~$ qview -f FoodPornPic.png`

Bildquelle: @HauMichBlau

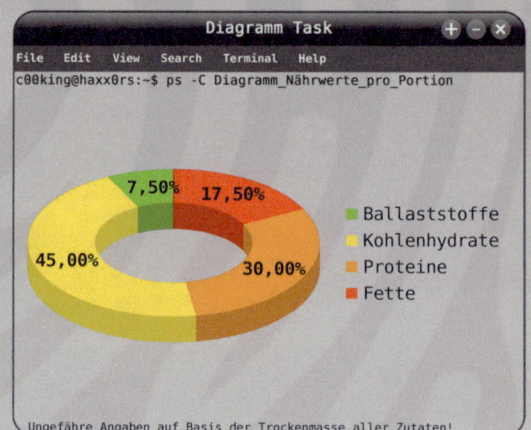

Diagramm Task ⊕ ⊖ ✕
File   Edit   View   Search   Terminal   Help
`c00king@haxx0rs:~$ ps -C Diagramm_Nährwerte_pro_Portion`

- 7,50%
- 17,50%
- 45,00%
- 30,00%

■ Ballaststoffe
■ Kohlenhydrate
■ Proteine
■ Fette

Ungefähre Angaben auf Basis der Trockenmasse aller Zutaten!

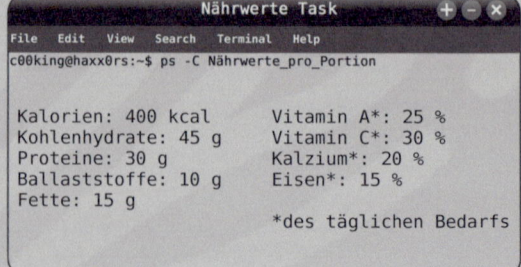

Nährwerte Task ⊕ ⊖ ✕
File   Edit   View   Search   Terminal   Help
`c00king@haxx0rs:~$ ps -C Nährwerte_pro_Portion`

Kalorien: 400 kcal   Vitamin A*: 25 %
Kohlenhydrate: 45 g   Vitamin C*: 30 %
Proteine: 30 g   Kalzium*: 20 %
Ballaststoffe: 10 g   Eisen*: 15 %
Fette: 15 g

*des täglichen Bedarfs

~$ Kochen unter dem Radar
{Von Nerds für Nerds}

TCHS Terminal ⊕ ⊖ ⊗

File   Edit   View   Search   Terminal   Help

c00king@haxx0rs:~$ less Zubereitung.txt

🕐 Zubereitungszeit: ca. 60 Minuten

1. Kartoffeln schälen und in Stücke schneiden. In kochendem Salzwasser garen.
   3 Minuten vor Ende der Kochzeit die Tiefkühlerbsen zu den Kartoffeln
   geben. Nach dem Garen das Wasser abgießen und die Kartoffeln und Erbsen
   mit Milch, Salz, Pfeffer und frisch geriebenem Muskat stampfen.

2. Milch und Gemüsebrühe in einem Topf erhitzen. Petersilie und Schnittlauch
   fein hacken und zur Mischung hinzufügen. Mit einem Teelöffel Guarkernmehl
   andicken und mit einer Prise Muskat abschmecken.

3. Eine Auflaufform mit Sprühfett einfetten. Eine Schicht Erbsenpüree in die
   Form geben. Die Putenschnitzel auf das Püree legen und mit geräuchertem
   Paprikapulver, Knoblauchgranulat und schwarzem Pfeffer würzen.
   Das gemischte Gemüse auf die Putenschnitzel geben und die Soße darüber
   gießen. Optional: Eine Schicht geriebenen Käse darüber streuen.

4. Den Auflauf im vorgeheizten Ofen bei 180 Grad für 35-45 Minuten backen,
   bis die Oberfläche goldbraun ist.

🤖 Serviervorschlag: Den Auflauf heiß servieren.

   Guten Appetit!

Info Terminal ⊕ ⊖ ⊗

File   Edit   View   Search   Terminal   Help

c00king@haxxors:~$ less Info.txt

Das Gericht 'Erbsenpüree Putenauflauf' ist eine kreative Kombination aus
Erbsenpüree, Putenschnitzeln und einer reichhaltigen Gemüse-Soße. Dieses
Rezept ist eine moderne Interpretation traditioneller deutscher Hausmannskost, die Kartoffelpüree und Fleisch kombiniert. Die Verwendung von Erbsen
und Pute gibt dem Gericht einen frischen und leichten Geschmack. In Deutschland sind Aufläufe wie dieser besonders beliebt, da sie einfach zuzubereiten sind und eine vollständige Mahlzeit in einem Gericht bieten. Die
Zutaten wie Kartoffeln, Erbsen und Pute sind das ganze Jahr über in Deutschland erhältlich, was dieses Gericht zu einer flexiblen Option für jede
Jahreszeit macht.

~$ Kochen unter dem Radar
{Von Nerds für Nerds}

TCHS Terminal ⊞ ⊕ ⊖ ✕

File   Edit   View   Search   Terminal   Help

`c00king@haxx0rs:~$ less Zutaten.txt`

☆ Frischkäse Kuchen

👥 Zutaten für 4 Personen:

- O 400 g Frischkäse
- O 200 g Brot nach Wahl (z.B. Vollkornbrot, Baguette)
- O 150 g Schinken (optional für die vegetarische Variante weglassen)
- O 50 g Radieschen
- O 50 g Gewürzgurken
- O 100 g Käse (z.B. Emmentaler, Gouda)
- O 50 g Röstzwiebeln
- O Frische Kräuter (z.B. Petersilie, Schnittlauch)
- O Salz, Pfeffer nach Geschmack

Image Viewer ⊕ ⊖ ✕

File   Edit   View   Search   Terminal   Help

`c00king@haxx0rs:~$ qview -f FoodPornPic.png`

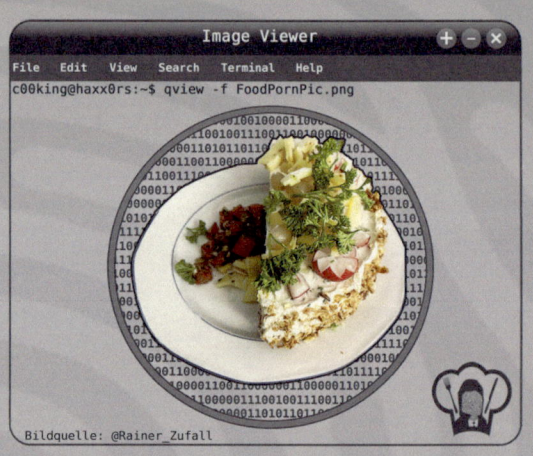

Bildquelle: @Rainer_Zufall

Diagramm Task ⊕ ⊖ ✕

File   Edit   View   Search   Terminal   Help

`c00king@haxx0rs:~$ ps -C Diagramm_Nährwerte_pro_Portion`

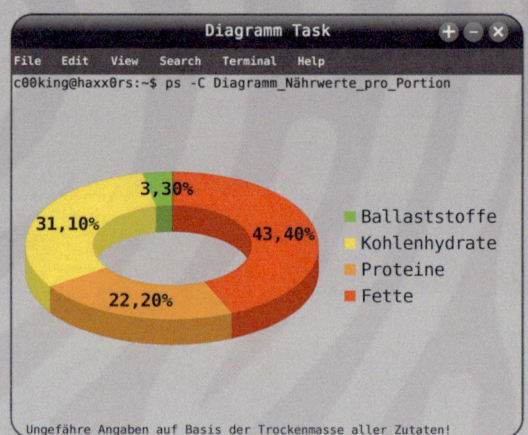

- 🟩 Ballaststoffe — 3,30%
- 🟨 Kohlenhydrate — 31,10%
- 🟧 Proteine — 22,20%
- 🟥 Fette — 43,40%

Ungefähre Angaben auf Basis der Trockenmasse aller Zutaten!

Nährwerte Task ⊕ ⊖ ✕

File   Edit   View   Search   Terminal   Help

`c00king@haxx0rs:~$ ps -C Nährwerte_pro_Portion`

Kalorien: 450 kcal	Vitamin A*: 15%
Kohlenhydrate: 35 g	Vitamin C*: 10%
Proteine: 25 g	Kalzium*: 20%
Ballaststoffe: 5 g	Eisen*: 8%
Fette: 30 g	

*des täglichen Bedarfs

~$ Kochen unter dem Radar
{Von Nerds für Nerds}

TCHS Terminal ⊞ ⊖ ⊗

File   Edit   View   Search   Terminal   Help

`c00king@haxx0rs:~$ less Zubereitung.txt`

🕐 Zubereitungszeit: ca. 30 Minuten

1. Den Frischkäse in eine Schüssel geben und nach Geschmack mit Salz und Pfeffer würzen. Optional können auch frische Kräuter wie Schnittlauch oder Petersilie unter den Frischkäse gemischt werden.

2. Das Brot in dünne Scheiben schneiden. Eine Schicht Brot auf einen Teller oder eine Servierplatte legen und mit einer Schicht gewürztem Frischkäse bestreichen.

3. Nach Belieben weitere Zutaten wie Schinken, Käse, Radieschen und Gewürzgurken auf die Frischkäseschicht legen. Diese Schritte wiederholen, bis alle Zutaten aufgebraucht sind und eine mehrschichtige "Torte" entsteht.

4. Zum Schluss die Frischkäsetorte rundherum mit Röstzwiebeln bestreuen und mit frischen Kräutern garnieren.

🍽 Serviervorschlag: Die Frischkäsetorte kann als Vorspeise oder als Hauptgericht serviert werden. Besonders gut passt ein frischer Salat dazu.

   Guten Appetit!

Info Terminal ⊞ ⊖ ⊗

File   Edit   View   Search   Terminal   Help

`c00king@haxxors:~$ less Info.txt`

Der Frischkäse Kuchen, auch als Sandwich Cake bekannt, stammt ursprünglich aus der skandinavischen Küche, insbesondere aus Schweden, wo er als "Smörgåstårta" bekannt ist. Diese herzhafte Torte ist vielseitig und kann mit einer Vielzahl von Zutaten belegt werden, was sie zu einem beliebten Gericht für Feiern und besondere Anlässe macht. Die Zutaten für den Frischkäse Kuchen können je nach Saison und Verfügbarkeit variieren. So können beispielsweise im Sommer frische Tomaten und Gurken verwendet werden, während im Winter eingelegte oder konservierte Gemüse eine gute Wahl sind. Für die vegetarische Variante können der Schinken und andere Fleischprodukte einfach weggelassen und durch zusätzliche Gemüse oder pflanzliche Alternativen ersetzt werden.

~$ Kochen unter dem Radar
{Von Nerds für Nerds}

TCHS Terminal   ⊕ ⊖ ✕

File   Edit   View   Search   Terminal   Help

`c00king@haxx0rs:~$ less Zutaten.txt`

☆ Ofengebackener Camembert im
Holzring mit Brötchen

⚘ Zutaten (für 4 Personen):

○ Brötchenteig:
○ 500 g Mehl
○ 1 Päckchen Trockenhefe
○ 300 ml lauwarmes Wasser
○ 1 TL Zucker
○ 1 TL Salz
○ 3 EL Olivenöl
○ 1 Ei (zum Bestreichen)
○ Sesam- und Schwarzkümmelsamen
(zum Bestreuen)

○ Camembert:
○ 1 großer Camembert (320 g) im
Holzring (Rougette Ofenkäse
fein-würzig)

○ Gemüsebeilage:
○ 1 Gurke, in Sticks geschnitten
○ 1 Paprika, in Sticks
geschnitten
○ 1 Zwiebel, in Ringe geschnitten
○ 4 Essiggurken, geviertelt

Image Viewer ⊕ ⊖ ✕

File   Edit   View   Search   Terminal   Help

`c00king@haxx0rs:~$ qview -f FoodPornPic.png`

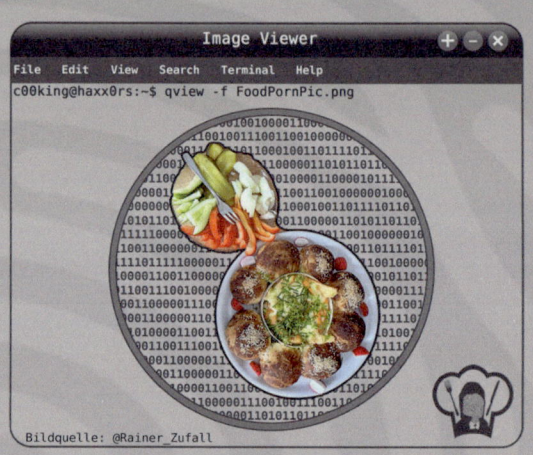

Bildquelle: @Rainer_Zufall

Diagramm Task ⊕ ⊖ ✕

File   Edit   View   Search   Terminal   Help

`c00king@haxx0rs:~$ ps -C Diagramm_Nährwerte_pro_Portion`

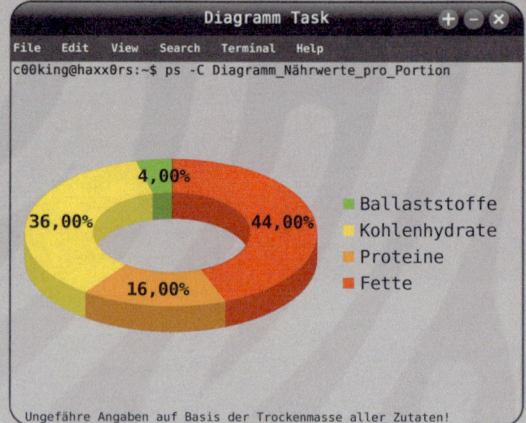

- ■ Ballaststoffe
- ■ Kohlenhydrate
- ■ Proteine
- ■ Fette

4,00%   36,00%   44,00%   16,00%

Ungefähre Angaben auf Basis der Trockenmasse aller Zutaten!

Nährwerte Task ⊕ ⊖ ✕

File   Edit   View   Search   Terminal   Help

`c00king@haxx0rs:~$ ps -C Nährwerte_pro_Portion`

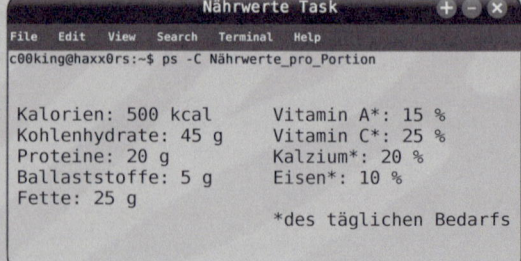

Kalorien: 500 kcal	Vitamin A*: 15 %
Kohlenhydrate: 45 g	Vitamin C*: 25 %
Proteine: 20 g	Kalzium*: 20 %
Ballaststoffe: 5 g	Eisen*: 10 %
Fette: 25 g	

*des täglichen Bedarfs

~$ Kochen unter dem Radar
{Von Nerds für Nerds}

TCHS Terminal

File   Edit   View   Search   Terminal   Help

`c00king@haxx0rs:~$ less Zubereitung.txt`

🕒 Zubereitungszeit: ca. 1 Stunde (inklusive Gehzeit für den Teig)

1. Teigzubereitung: Mehl in eine Schüssel sieben, die Trockenhefe, Zucker und Salz hinzufügen. Lauwarmes Wasser und Olivenöl zum Mehlgemisch geben und zu einem glatten Teig verkneten. Den Teig abdecken und an einem warmen Ort etwa 30 Minuten gehen lassen, bis er sich verdoppelt hat.

2. Brötchen formen: Den Teig in 8 gleich große Portionen teilen und zu Kugeln formen. Den Camembert im Holzring in die Mitte eines Backblechs legen und die Teigkugeln kreisförmig darum platzieren. Die Brötchen mit verquirltem Ei bestreichen und mit Sesam- und Schwarzkümmelsamen bestreuen.

3. Backen: Den Backofen auf 180°C vorheizen. Die Brötchen und den Camembert zusammen etwa 20-25 Minuten backen, bis die Brötchen goldbraun sind und der Käse weich und geschmolzen ist.

♟ Serviervorschlag: Das Gericht mit den geschnittenen Gemüsesticks und Essiggurken auf einem Teller anrichten.

   Guten Appetit!

Info Terminal

File   Edit   View   Search   Terminal   Help

`c00king@haxxors:~$ less Info.txt`

Das Gericht stammt ursprünglich aus Frankreich und ist besonders beliebt in der kalten Jahreszeit. Der Holzring um den Käse sorgt dafür, dass der Käse beim Erhitzen in Form bleibt und nicht ausläuft. Der Ofenkäse wird oft mit frischem Brot und rohem Gemüse serviert, was einen schönen Kontrast zum warmen, geschmolzenen Käse bildet.
In Frankreich wird der Ofenkäse traditionell in den Alpenregionen während der Wintermonate genossen. Das Gericht kann je nach Region und Jahreszeit variieren, wobei verschiedene Käsesorten und Beilagen verwendet werden können. Es symbolisiert Gemütlichkeit und gemeinsames Essen am Tisch, was es besonders für Familientreffen beliebt macht.

TCHS Terminal + − ✕

File   Edit   View   Search   Terminal   Help

`c00king@haxx0rs:~$ less Zutaten.txt`

☆ Lachs Sahne Gratin

👥 Zutaten für 4 Personen:

- ○ 600 g Lachsfilet
- ○ 250 ml Sahne
- ○ 1 Zitrone (Saft und Schale)
- ○ 2 EL Dill, gehackt
- ○ 1 TL Senf
- ○ 1 TL Salz
- ○ 1/2 TL Pfeffer
- ○ 2 EL Butter
- ○ 2 EL Mehl
- ○ 250 ml Milch
- ○ 100 g geriebener Käse

Image Viewer + − ✕

File   Edit   View   Search   Terminal   Help

`c00king@haxx0rs:~$ qview -f FoodPornPic.png`

Bildquelle: @Deathrow

Diagramm Task + − ✕

File   Edit   View   Search   Terminal   Help

`c00king@haxx0rs:~$ ps -C Diagramm_Nährwerte_pro_Portion`

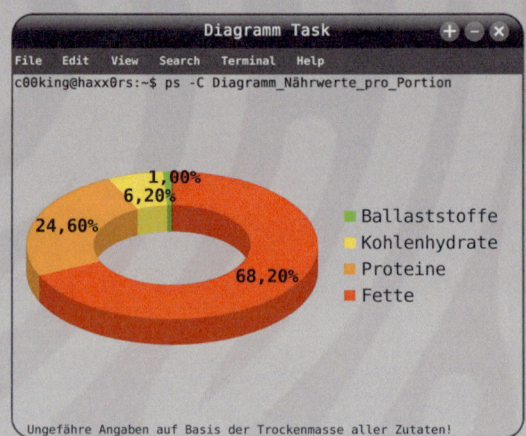

1,00%
6,20%
24,60%
68,20%

- 🟩 Ballaststoffe
- 🟨 Kohlenhydrate
- 🟧 Proteine
- 🟥 Fette

Ungefähre Angaben auf Basis der Trockenmasse aller Zutaten!

Nährwerte Task + − ✕

File   Edit   View   Search   Terminal   Help

`c00king@haxx0rs:~$ ps -C Nährwerte_pro_Portion`

Kalorien: 650 kcal	Vitamin A*: 20 %
Kohlenhydrate: 10 g	Vitamin C*: 15 %
Proteine: 40 g	Kalzium*: 25 %
Ballaststoffe: 1 g	Eisen*: 10 %
Fette: 50 g	

*des täglichen Bedarfs

~$ Kochen unter dem Radar
{Von Nerds für Nerds}

TCHS Terminal

File   Edit   View   Search   Terminal   Help

c00king@haxx0rs:~$ less Zubereitung.txt

🕐 Zubereitungszeit: ca. 45 Minuten

1. Den Lachs in eine Auflaufform legen. Zitronensaft und -schale darüber geben.

2. Butter in einem Topf schmelzen, Mehl hinzufügen und unter Rühren anschwitzen. Nach und nach Milch und Sahne unterrühren, bis eine glatte Sauce entsteht.

3. Senf, Dill, Salz und Pfeffer in die Sauce geben und abschmecken.

4. Die Sauce über den Lachs gießen und mit geriebenem Käse bestreuen.

5. Bei 180°C im vorgeheizten Ofen etwa 30 Minuten backen, bis der Lachs gar und die Oberfläche goldbraun ist.

♟ Serviervorschlag: Mit frischen Kräutern garnieren und mit Reis oder Kartoffeln servieren.

   Guten Appetit!

Info Terminal

File   Edit   View   Search   Terminal   Help

c00king@haxxors:~$ less Info.txt

Lachs-Sahne-Gratin ist ein köstliches Gericht, das seinen Ursprung in der europäischen Küche hat. Besonders in den nordischen Ländern ist Lachs eine beliebte Zutat. Die Kombination aus Lachs und einer cremigen Sahnesauce macht dieses Gericht besonders schmackhaft und nahrhaft.

Regionale Variationen können frische Kräuter oder andere Gewürze umfassen, je nach Verfügbarkeit und Saison. Dieses Gericht wird oft bei besonderen Anlässen serviert und kann mit verschiedenen Beilagen wie Reis oder Kartoffeln kombiniert werden.

🌐 **https://de.wikipedia.org/wiki/Lachs**

~$ Kochen unter dem Radar
{Von Nerds für Nerds}

TCHS Terminal ⊞ ⊟ ⊗

File   Edit   View   Search   Terminal   Help

```
c00king@haxx0rs:~$ less Zutaten.txt
```

☆ Hähnchengeschnetzeltes in Curry
Kokosnussoße mit Kartoffeln

👥 Zutaten für 4 Personen:

- ○ 500 g Hähnchenbrustfilet
- ○ 1 Dose Kokosmilch (400 ml)
- ○ 2 EL Currypulver
- ○ 2 Paprika (rot)
- ○ 2 Zwiebeln
- ○ 4 Kartoffeln (mittelgroß)
- ○ 2 EL Pflanzenöl
- ○ Salz und Pfeffer nach Geschmack
- ○ 1 TL Kurkuma
- ○ Frische Petersilie zum
  Garnieren

Image Viewer ⊕ ⊖ ⊗

File   Edit   View   Search   Terminal   Help

```
c00king@haxx0rs:~$ qview -f FoodPornPic.png
```

Bildquelle: @Deathrow

Diagramm Task ⊕ ⊖ ⊗

File   Edit   View   Search   Terminal   Help

```
c00king@haxx0rs:~$ ps -C Diagramm_Nährwerte_pro_Portion
```

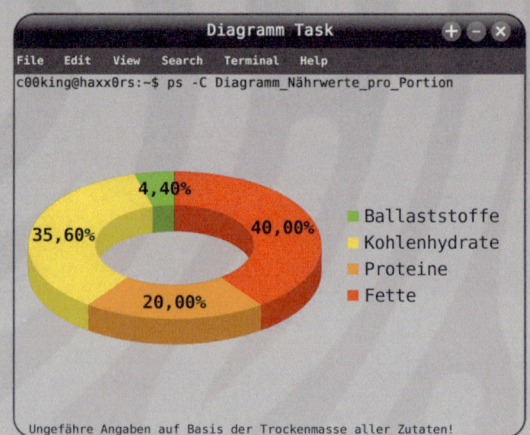

- 🟩 Ballaststoffe
- 🟨 Kohlenhydrate
- 🟧 Proteine
- 🟥 Fette

Ungefähre Angaben auf Basis der Trockenmasse aller Zutaten!

Nährwerte Task ⊕ ⊖ ⊗

File   Edit   View   Search   Terminal   Help

```
c00king@haxx0rs:~$ ps -C Nährwerte_pro_Portion
```

Kalorien: 450 kcal   Vitamin A*: 15 %
Kohlenhydrate: 40 g   Vitamin C*: 40 %
Proteine: 30 g   Kalzium*: 10 %
Ballaststoffe: 5 g   Eisen*: 25 %
Fette: 20 g

*des täglichen Bedarfs

~$ Kochen unter dem Radar
{Von Nerds für Nerds}

TCHS Terminal

File   Edit   View   Search   Terminal   Help

```
c00king@haxx0rs:~$ less Zubereitung.txt
```

🕐 Zubereitungszeit: ca. 40 Minuten

1. Hähnchenbrustfilet in Streifen schneiden und mit Currypulver,
   Salz und Pfeffer würzen. Paprika und Zwiebeln klein schneiden.

2. Öl in einer Pfanne erhitzen und die Hähnchenstreifen darin anbraten,
   bis sie goldbraun sind. Dann das Fleisch herausnehmen und beiseite
   stellen.

3. Zwiebeln und Paprika in die gleiche Pfanne geben und anbraten,
   bis sie weich sind. Kokosmilch hinzufügen, aufkochen lassen und
   Kurkuma einrühren.

4. Die Hähnchenstreifen wieder in die Pfanne geben und alles gut vermischen.
   Mit Salz und Pfeffer abschmecken. Die Kartoffeln in einem separaten Topf
   kochen, bis sie gar sind.

🍽 Serviervorschlag: Das Hähnchengeschnetzelte in Curry-Kokosnusssoße mit den
   gekochten Kartoffeln auf einem Teller anrichten und mit frischer
   Petersilie garnieren.

   Guten Appetit!

Info Terminal

File   Edit   View   Search   Terminal   Help

```
c00king@haxxors:~$ less Info.txt
```

Dieses Gericht stammt aus der Fusion-Küche und kombiniert klassische
europäische Hähnchengerichte mit exotischen Aromen der asiatischen Küche,
insbesondere aus Thailand. Kokosmilch und Curry sind wesentliche Zutaten
in vielen südostasiatischen Gerichten. Die Kartoffeln, obwohl eher in der
europäischen Küche beheimatet, ergänzen das Gericht hervorragend und
machen es sättigender. Die Frische der Petersilie rundet die Aromen ab.

🌐 **https://de.wikipedia.org/wiki/Fusion-Küche**

~$ Kochen unter dem Radar
{Von Nerds für Nerds}

TCHS Terminal

File   Edit   View   Search   Terminal   Help

```
c00king@haxx0rs:~$ less Zutaten.txt
```

☆ Nudelsalat mit Riesaer Nudeln

⚥ Zutaten für 4 Personen:

- ○ 500 g Riesaer Nudeln (besonders hochwertig)
- ○ 125 g Katenschinkenspeckwürfel
- ○ 400 g Fleischsalat mit Gurke
- ○ 1 Dose Möhren und Erbsen
- ○ 1 Dose Mandarinen
- ○ 200 g angebratene Zwiebeln
- ○ 0,5 EL Currypulver
- ○ 0,5 EL Knoblauchpulver
- ○ 0,5 EL Paprika
- ○ 1 TL Pfeffer
- ○ 250 g Mayonnaise

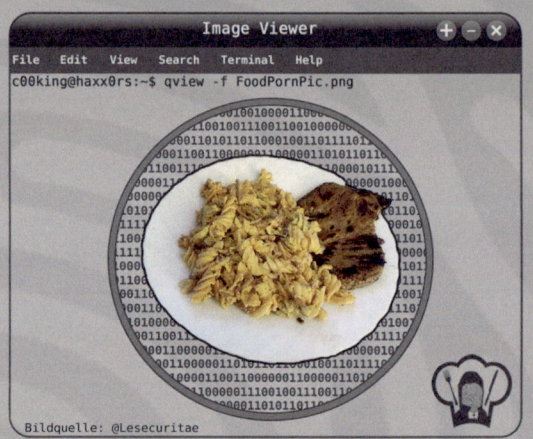

Image Viewer

File   Edit   View   Search   Terminal   Help

```
c00king@haxx0rs:~$ qview -f FoodPornPic.png
```

Bildquelle: @Lesecuritae

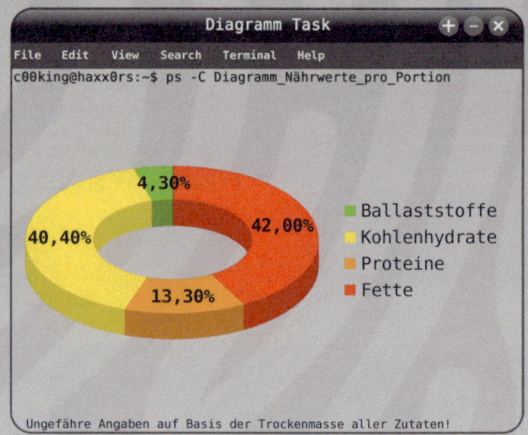

Diagramm Task

File   Edit   View   Search   Terminal   Help

```
c00king@haxx0rs:~$ ps -C Diagramm_Nährwerte_pro_Portion
```

- 4,30%
- 42,00%
- 40,40%
- 13,30%

- 🟩 Ballaststoffe
- 🟨 Kohlenhydrate
- 🟧 Proteine
- 🟥 Fette

Ungefähre Angaben auf Basis der Trockenmasse aller Zutaten!

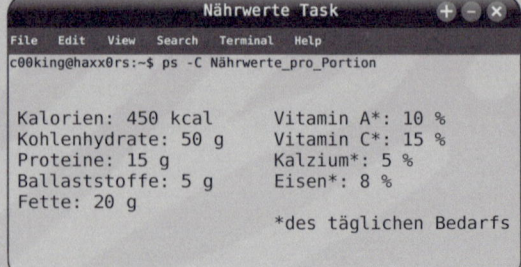

Nährwerte Task

File   Edit   View   Search   Terminal   Help

```
c00king@haxx0rs:~$ ps -C Nährwerte_pro_Portion
```

Kalorien: 450 kcal   Vitamin A*: 10 %
Kohlenhydrate: 50 g   Vitamin C*: 15 %
Proteine: 15 g   Kalzium*: 5 %
Ballaststoffe: 5 g   Eisen*: 8 %
Fette: 20 g

*des täglichen Bedarfs

~$ Kochen unter dem Radar
{Von Nerds für Nerds}

TCHS Terminal

File   Edit   View   Search   Terminal   Help

```
c00king@haxx0rs:~$ less Zubereitung.txt
```

🕑 Zubereitungszeit: ca. 30 Minuten

1. Die Riesaer Nudeln nach Packungsanweisung kochen, abgießen und abkühlen
   lassen.

2. In einer großen Schüssel die abgekühlten Nudeln mit den Katenschinken-
   speckwürfeln, dem Fleischsalat, den abgetropften Möhren und Erbsen sowie
   den abgetropften Mandarinen vermischen.

3. Die angebratenen Zwiebeln hinzugeben und alles gut vermengen.

4. Die Gewürze (Currypulver, Knoblauchpulver, Paprika und Pfeffer) hinzufügen
   und gut unterrühren.

5. Zum Schluss die Mayonnaise unterheben und den Nudelsalat gut durchziehen
   lassen.

♨ Serviervorschlag: Den Nudelsalat mit frischen Kräutern garnieren und als
   Beilage zu Grillgerichten servieren.

   Guten Appetit!

Info Terminal

File   Edit   View   Search   Terminal   Help

```
c00king@haxxors:~$ less Info.txt
```

Riesaer Nudeln sind bekannt für ihre besonders hochwertige Qualität. Die
Teigwaren werden in der Stadt Riesa in Sachsen, Deutschland, hergestellt und
zeichnen sich durch die Verwendung bester Zutaten und traditioneller
Herstellungsmethoden aus. Dieser Nudelsalat hebt sich durch den besonderen
Geschmack und die hohe Qualität der Riesaer Nudeln von anderen ab. Perfekt
als Beilage zu Grillgerichten oder als eigenständiges Gericht.

~$ Kochen unter dem Radar
{Von Nerds für Nerds}

TCHS Terminal

File   Edit   View   Search   Terminal   Help

c00king@haxx0rs:~$ less Zutaten.txt

☆ Zwiebelrostbraten mit Spätzle und Salat

♟ Zutaten für 4 Personen:

- ○ 800g Roastbeef
- ○ 4 große Zwiebeln
- ○ 2 EL Butterschmalz
- ○ 1 Prise Fleur de Sel mit Kräutern
- ○ 1 Prise Zucker
- ○ Salz und Pfeffer aus der Mühle
- ○ 250 ml Rotwein
- ○ 500 ml Rinderfond
- ○ Mehl oder Saucenbinder zum Andicken
- ○ 500g Spätzle
- ○ 3 EL Öl (aromatisiertes Kräuter-Knoblauch-Öl)
- ○ 2 EL Honig-Senf
- ○ 1 EL Reisessig
- ○ 1 EL Maggi oder Sojasauce
- ○ Frischer Salat (Eisberg oder Römersalat)

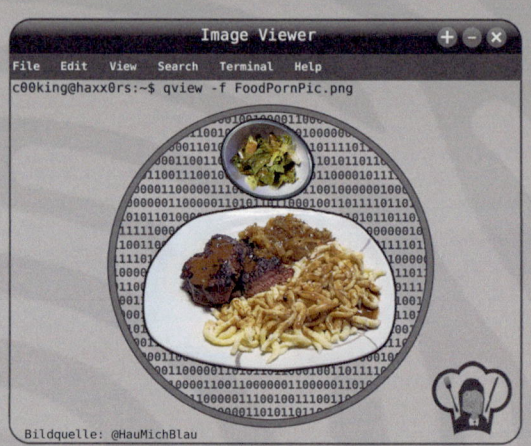

Image Viewer

File   Edit   View   Search   Terminal   Help

c00king@haxx0rs:~$ qview -f FoodPornPic.png

Bildquelle: @HauMichBlau

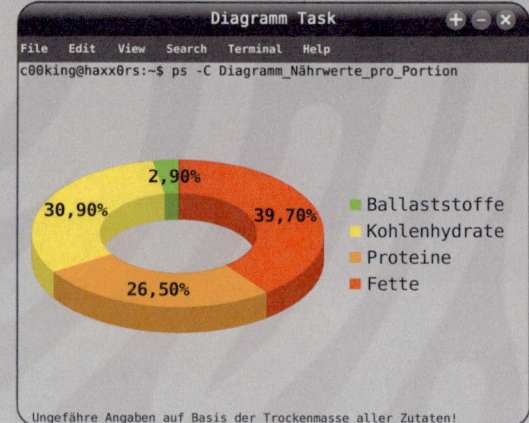

Diagramm Task

File   Edit   View   Search   Terminal   Help

c00king@haxx0rs:~$ ps -C Diagramm_Nährwerte_pro_Portion

2,90%
30,90%
39,70%
26,50%

- 🟩 Ballaststoffe
- 🟨 Kohlenhydrate
- 🟧 Proteine
- 🟥 Fette

Ungefähre Angaben auf Basis der Trockenmasse aller Zutaten!

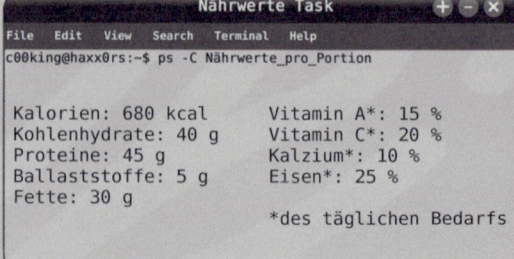

Nährwerte Task

File   Edit   View   Search   Terminal   Help

c00king@haxx0rs:~$ ps -C Nährwerte_pro_Portion

Kalorien: 680 kcal   Vitamin A*: 15 %
Kohlenhydrate: 40 g   Vitamin C*: 20 %
Proteine: 45 g   Kalzium*: 10 %
Ballaststoffe: 5 g   Eisen*: 25 %
Fette: 30 g

*des täglichen Bedarfs

~$ Kochen unter dem Radar
{Von Nerds für Nerds}

TCHS Terminal

File   Edit   View   Search   Terminal   Help

`c00king@haxx0rs:~$ less Zubereitung.txt`

🕐 Zubereitungszeit: ca. 45 Minuten

1. Roastbeef in 1,5 bis 2,5 cm dicke Scheiben schneiden, quer zur Faser.
   Das Fleisch abgedeckt auf einem Teller auf Raumtemperatur bringen.

2. Ofen auf 80 Grad vorheizen, Teller inklusive.

3. Zwiebeln schälen, in feine Ringe schneiden und in Butterschmalz bei
   mittlerer Hitze 10-15 Minuten rösten, bis sie weich sind und Farbe
   bekommen haben. Prise Fleur de Sel und Zucker dazugeben. Nach dem Rösten
   auf Küchenpapier abtropfen lassen und in Alufolie gewickelt im Backofen
   warm halten.

4. Pfanne auf hohe Temperatur bringen, Fleisch salzen und von beiden Seiten
   je 1,5 Minuten scharf anbraten. Danach pfeffern und im Backofen auf-
   bewahren.

5. Für die Sauce im Bratenfett etwas Mehl anrösten und mit Rotwein ablöschen.
   Temperatur reduzieren und Rotwein fast vollständig einreduzieren lassen.
   Mit Rinderfond auffüllen und köcheln lassen, bis die gewünschte Konsistenz
   erreicht ist. Mit Salz, Pfeffer und einem Schuss Rotwein abschmecken.

6. Fleisch mit den Zwiebeln belegen und mit der Sauce garnieren.
   Traditionell werden Spätzle dazu gereicht.

7. Salatdressing aus 3 Teilen Öl, 2 Teilen Honig-Senf, 1 Teil Reisessig,
   1 Teil Maggi oder Sojasauce und Pfeffer zubereiten und über den frischen
   Salat geben.

🍽 Serviervorschlag: Den Zwiebelrostbraten mit Spätzle und Salat servieren.

   Guten Appetit!

Info Terminal

File   Edit   View   Search   Terminal   Help

`c00king@haxxors:~$ less Info.txt`

Der Zwiebelrostbraten ist ein klassisches schwäbisches Gericht, das oft
mit Spätzle serviert wird. Die Zubereitung mit Rotweinsauce und gerösteten
Zwiebeln verleiht dem Gericht seinen charakteristischen Geschmack. Regionale
Unterschiede gibt es vor allem bei den Beilagen, die von Pommes über
Herzogin-Kartoffeln bis hin zu Kroketten reichen können. Besonders beliebt
ist das Gericht während der kalten Monate und zu festlichen Anlässen.

🌐 **https://de.wikipedia.org/wiki/Zwiebelrostbraten**
🌐 **https://de.wikipedia.org/wiki/Spätzle**

~$ Kochen unter dem Radar
{Von Nerds für Nerds}

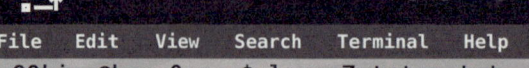

TCHS Terminal ⊕ ⊖ ✖

File   Edit   View   Search   Terminal   Help

`c00king@haxx0rs:~$ less Zutaten.txt`

☆ Haehnchenkeulen mit
  Kartoffelgratin und Jus

🧑‍🤝‍🧑 Zutaten (für 4 Personen):

- ○ 4 Hähnchenkeulen
- ○ 3 Zweige Rosmarin
- ○ 3 Zweige Thymian
- ○ 3 Blätter Salbei
- ○ 1 Schalotte
- ○ 2 EL Olivenöl
- ○ 800 g Kartoffeln
- ○ 200 g Raclette Käse
- ○ Saft einer halben Zitrone
- ○ 100 ml Rosé Wein
- ○ 100 ml Wasser
- ○ Salz und Pfeffer

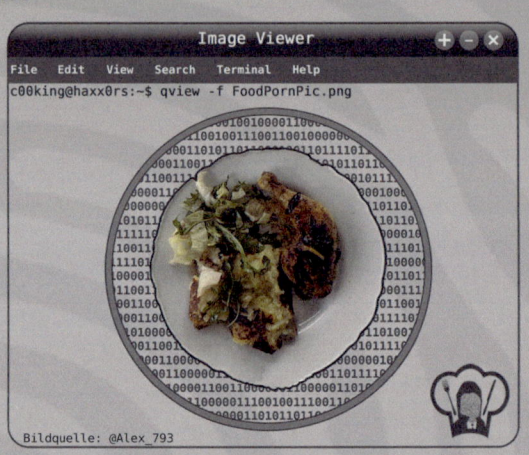

Image Viewer ⊕ ⊖ ✖

File   Edit   View   Search   Terminal   Help

`c00king@haxx0rs:~$ qview -f FoodPornPic.png`

Bildquelle: @Alex_793

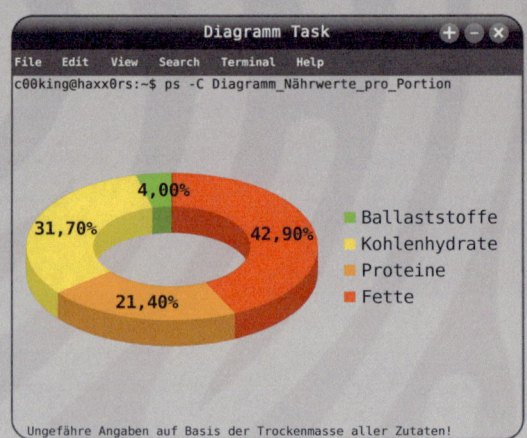

Diagramm Task ⊕ ⊖ ✖

File   Edit   View   Search   Terminal   Help

`c00king@haxx0rs:~$ ps -C Diagramm_Nährwerte_pro_Portion`

- 4,00%
- 31,70%
- 42,90%
- 21,40%

- 🟩 Ballaststoffe
- 🟨 Kohlenhydrate
- 🟧 Proteine
- 🟥 Fette

Ungefähre Angaben auf Basis der Trockenmasse aller Zutaten!

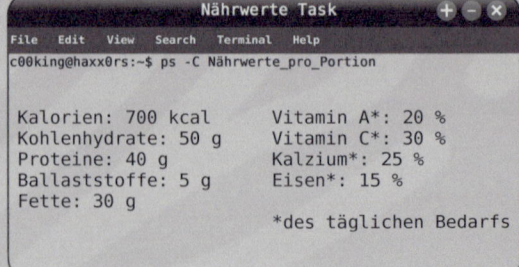

Nährwerte Task ⊕ ⊖ ✖

File   Edit   View   Search   Terminal   Help

`c00king@haxx0rs:~$ ps -C Nährwerte_pro_Portion`

Kalorien: 700 kcal   Vitamin A*: 20 %
Kohlenhydrate: 50 g   Vitamin C*: 30 %
Proteine: 40 g   Kalzium*: 25 %
Ballaststoffe: 5 g   Eisen*: 15 %
Fette: 30 g

*des täglichen Bedarfs

~$ Kochen unter dem Radar
{Von Nerds für Nerds}

TCHS Terminal

File   Edit   View   Search   Terminal   Help

`c00king@haxx0rs:~$ less Zubereitung.txt`

🕐 Zubereitungszeit: ca. 60 Minuten (1 Tag vorher Kartoffeln kochen!)

1. Vorbereitung der Kräuter und Schalotte: Pflücke die Blätter von den Kräuterzweigen ab und schäle die Schalotte. Diese Zutaten werden zusammen mit dem Öl in die Pfanne gegeben, um das Hähnchen zu aromatisieren.

2. Anbraten der Kräuter und Schalotte: Erhitze das Olivenöl in einer großen Pfanne. Gib die Kräuter und die ganze Schalotte hinzu und brate sie kurz an, bis sie duften.

3. Hähnchenkeulen braten: Lege die Hähnchenkeulen in die Pfanne, würze sie mit Salz und Pfeffer und brate sie auf beiden Seiten goldbraun an.

4. Kartoffeln vorbereiten: Koche die Kartoffeln einen Tag vorher, lasse sie abkühlen und reibe sie dann grob.

5. Kartoffelgratin zubereiten: Vermische die geriebenen Kartoffeln mit dem Raclette Käse. Gib die Mischung in eine heiße Pfanne und brate sie, bis sie eine goldbraune Kruste bekommt.

6. Jus zubereiten: Nachdem die Hähnchenkeulen fertig gebraten sind, nimm sie aus der Pfanne. Gib Zitronensaft, Rosé Wein und Wasser in die Pfanne und koche die Mischung kurz auf. Schmecke den Jus nach Belieben mit Salz und Pfeffer ab.

🍴 Serviervorschlag: Serviere die Hähnchenkeulen zusammen mit dem Kartoffel-gratin und dem Jus. Ein guter Rosé Wein, wie der Sainte-Victoire Côtes de Provence, passt hervorragend dazu.

Guten Appetit!

Info Terminal

File   Edit   View   Search   Terminal   Help

`c00king@haxxors:~$ less Info.txt`

Dieses Gericht ist ein klassisches Beispiel der mediterranen Küche, bei der frische Kräuter und einfache, aber hochwertige Zutaten verwendet werden. Die Hähnchenkeulen erhalten durch die Kräuter und das Anbraten in Olivenöl ein besonderes Aroma. Das Kartoffelgratin, mit Raclette Käse verfeinert, ergänzt das Hähnchen perfekt. Der Jus aus Zitronensaft und Rosé Wein rundet das Gericht ab und bringt eine leichte Säure ins Spiel, die hervorragend zu den restlichen Aromen passt.

~$ Kochen unter dem Radar
{Von Nerds für Nerds}

TCHS Terminal ⊕ ⊖ ✕

File   Edit   View   Search   Terminal   Help

`c00king@haxx0rs:~$ less Zutaten.txt`

☆ Hackfleischbällchen mit Blumenkohl

⚇ Zutaten für 6 Personen:

- 1,5 kg Rinderhackfleisch
- 375 g Magerquark
- 150 g Saure Sahne
- 3 Eier
- 10-12 Esslöffel Paniermehl (besser noch altbackene, eingeweichte Brötchen)
- 6 Zwiebeln
- Knoblauch nach Geschmack
- Majoran
- Thymian
- Etwas gekörnte Rinderbrühe
- Salz
- Pfeffer
- 750 g passierte Tomaten
- 600 g gehackte Tomaten (Dose)
- 375 ml Creme Fin
- Getrocknete italienische Kräuter
- 375 g Tahin
- Sojasoße
- Oystersoße
- 225 g stichfester Joghurt
- 2 Blumenkohlköpfe

Image Viewer ⊕ ⊖ ✕

File   Edit   View   Search   Terminal   Help

`c00king@haxx0rs:~$ qview -f FoodPornPic.png`

Bildquelle: @HauMichBlau

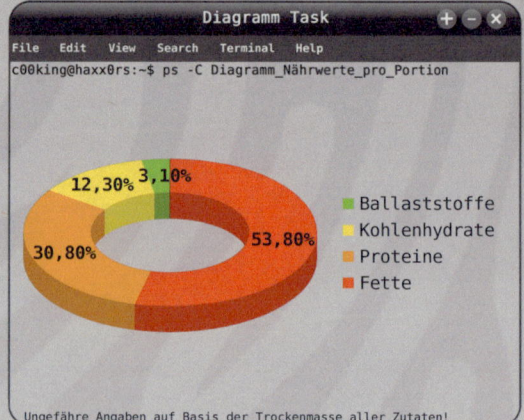

Diagramm Task ⊕ ⊖ ✕

File   Edit   View   Search   Terminal   Help

`c00king@haxx0rs:~$ ps -C Diagramm_Nährwerte_pro_Portion`

- 3,10% 🟩 Ballaststoffe
- 12,30% 🟨 Kohlenhydrate
- 30,80% 🟧 Proteine
- 53,80% 🟥 Fette

Ungefähre Angaben auf Basis der Trockenmasse aller Zutaten!

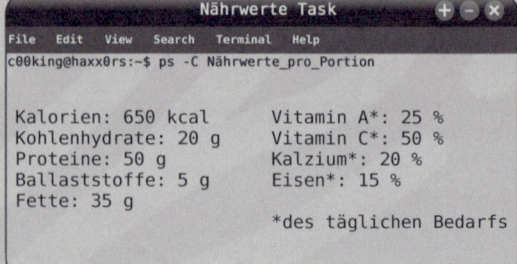

Nährwerte Task ⊕ ⊖ ✕

File   Edit   View   Search   Terminal   Help

`c00king@haxx0rs:~$ ps -C Nährwerte_pro_Portion`

Kalorien: 650 kcal	Vitamin A*: 25 %
Kohlenhydrate: 20 g	Vitamin C*: 50 %
Proteine: 50 g	Kalzium*: 20 %
Ballaststoffe: 5 g	Eisen*: 15 %
Fette: 35 g	

*des täglichen Bedarfs

~$ Kochen unter dem Radar
{Von Nerds für Nerds}

TCHS Terminal

File   Edit   View   Search   Terminal   Help

c00king@haxx0rs:~$ less Zubereitung.txt

🕐 Zubereitungszeit: ca. 1 Stunde

1. Die Zwiebeln würfeln und in der Pfanne mit Knoblauch kurz anschmoren.

2. Zusammen mit Rinderhack, Magerquark, saurer Sahne, Eiern, Paniermehl, Majoran, Thymian, gekörnter Rinderbrühe, Salz und Pfeffer zu einer formbaren Masse vermengen. Daraus 18 je 150 g schwere Klöße formen und kalt stellen.

3. Von den Zwiebeln und dem Hackfleisch etwas übrig behalten, zusammen mit passierten Tomaten, gehackten Tomaten, Creme Fin, getrockneten italienischen Kräutern und Knoblauch zu einer Soße einkochen und auf dem ausgeschalteten Herd mit einem Deckel stehen lassen.

4. Tahin mit einem Schuss Oystersoße und Sojasoße sowie stichfestem Joghurt zu einer Paste anrühren.

5. Bei den Blumenkohlköpfen die Blätter grob abschneiden und den Kohl mit der Soße marinieren, dabei auch die Marinade mit einem Silikonpinsel zwischen die Röschen drücken. Kalt stellen.

6. Nach dem Abkühlen der Soße die Klöße in eine Auflaufform legen und mit der Soße auffüllen. Kalt stellen.

7. Den Ofen auf 180 Grad vorheizen und die Klöße samt Blumenkohl für ca. 1 Stunde in den Ofen geben. Den Blumenkohl im Ofen öfters mit der übrigen Tahin-Marinade bepinseln. Der Blumenkohl darf dunkel werden, fast wie verbrannt.

🖳 Serviervorschlag: Mit Reis servieren.

Guten Appetit!

Info Terminal

File   Edit   View   Search   Terminal   Help

c00king@haxxors:~$ less Info.txt

Hackfleischbällchen mit Blumenkohl ist ein herzhaftes Gericht, das in vielen Kulturen beliebt ist. Es kombiniert saftige Hackfleischbällchen mit würziger Tomatensoße und geröstetem Blumenkohl. Die Verwendung von Tahin in der Marinade verleiht dem Blumenkohl eine besondere Note. Das Gericht ist sättigend und nahrhaft und eignet sich hervorragend für Familienessen oder besondere Anlässe.

~$ Kochen unter dem Radar
{Von Nerds für Nerds}

TCHS Terminal ⊞ ⊖ ⊗

File   Edit   View   Search   Terminal   Help

`c00king@haxx0rs:~$ less Zutaten.txt`

☆ Crispy Tofu Burger

👥 Zutaten für 4 Personen:

- ○ 2 Blöcke Natur-Tofu
- ○ Sojasauce nach Bedarf
- ○ Mehl
- ○ Wasser
- ○ Salz
- ○ Pankooder Semmelbrösel
- ○ Paprika/Chili (optional)
- ○ Rapsöl
- ○ Margarine
- ○ 4 vegane Brioche Buns

Image Viewer ⊕ ⊖ ⊗

File   Edit   View   Search   Terminal   Help

`c00king@haxx0rs:~$ qview -f FoodPornPic.png`

Bildquelle: @Bene_gsch

Diagramm Task ⊕ ⊖ ⊗

File   Edit   View   Search   Terminal   Help

`c00king@haxx0rs:~$ ps -C Diagramm_Nährwerte_pro_Portion`

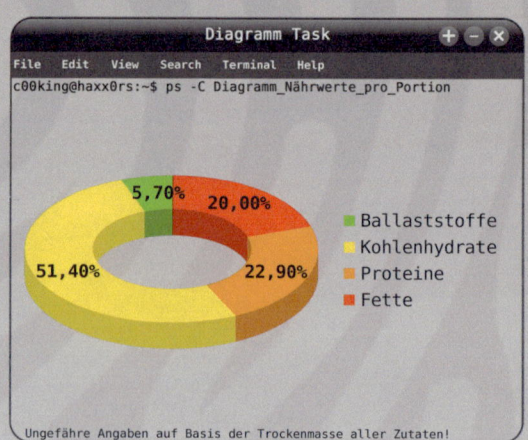

5,70% · 20,00% · 51,40% · 22,90%

- 🟩 Ballaststoffe
- 🟨 Kohlenhydrate
- 🟧 Proteine
- 🟥 Fette

Ungefähre Angaben auf Basis der Trockenmasse aller Zutaten!

Nährwerte Task ⊕ ⊖ ⊗

File   Edit   View   Search   Terminal   Help

`c00king@haxx0rs:~$ ps -C Nährwerte_pro_Portion`

Kalorien: 350 kcal	Vitamin A*: 10%
Kohlenhydrate: 45 g	Vitamin C*: 20%
Proteine: 20 g	Kalzium*: 15%
Ballaststoffe: 5 g	Eisen*: 25%
Fette: 15 g	

*des täglichen Bedarfs

~$ Kochen unter dem Radar
{Von Nerds für Nerds}

TCHS Terminal

File   Edit   View   Search   Terminal   Help

c00king@haxx0rs:~$ less Zubereitung.txt

🕐 Zubereitungszeit: ca. 30 Minuten

1. Schneide die Tofu-Blöcke in der Mitte, sodass du 4 dünne Scheiben er-
   hältst. Lass sie für etwa 10-15 Minuten in Sojasauce marinieren, je nach
   gewünschtem Umami-Geschmack.

2. Bereite eine Panadestraße vor: Eine Mischung aus Mehl und Wasser mit etwas
   Salz als erste Haftschicht und einen Teller voll Panko- oder Semmelbröseln, gemischt mit Paprika/Chili, falls gewünscht.

3. Wälze die marinierten Tofu-Scheiben zuerst in der Mehlmischung und danach
   in den Panko- oder Semmelbröseln.

4. Brate die Tofu-Scheiben in einer Pfanne mit einer 50:50 Mischung aus Rapsöl und Margarine, bis sie goldbraun sind.

5. Lege die gebratenen Tofu-Scheiben auf die veganen Brioche Buns und
   serviere sie nach Belieben mit Salat und Kartoffelecken.

♟ Serviervorschlag: Mit frischem Salat und knusprigen Kartoffelecken
   servieren.

   Guten Appetit!

Info Terminal

File   Edit   View   Search   Terminal   Help

c00king@haxxors:~$ less Info.txt

Der Tofu-Burger ist eine beliebte vegane Alternative zu traditionellen
Fleischburgern. Tofu, ein proteinreiches Lebensmittel aus Sojabohnen, wird
weltweit in verschiedenen Küchen verwendet, insbesondere in der asiatischen
Küche. Die knusprige Panade und die saftige Füllung machen diesen Burger zu
einem Genuss für alle, die eine fleischfreie Option suchen. Saisonale Gemüse
und regionale Unterschiede können die Beilagen variieren.

~$ Kochen unter dem Radar
{Von Nerds für Nerds}

TCHS Terminal

File   Edit   View   Search   Terminal   Help

```
c00king@haxx0rs:~$ less Thanks_to.txt
```

Dieses Buch wäre ohne die großartige Unterstützung und Mitwirkung vieler User
nicht möglich gewesen. Wir möchten uns ganz herzlich bei den folgenden C00king
Haxx0rs bedanken, die ihre Rezepte und Bilder zur Verfügung gestellt haben:

@Deathrow	@Benj	@HauMichBlau
@Sunny	@Rainer_Zufall	@R4
@Juri	@Alex_793	@Lesecuritae
@HansMaulwurfderDritte	@RR	@Bene_gsch

Ein liebevoller Dank geht an @Lesecuritae, @Deathrow und @Sunny für ihre
moralische Unterstützung und wertvollen Ideen im gesamten Prozess.

Außerdem gilt ein besonderer Dank der ganzen Community der **„TK-Kochgruppe"** für
ihre Ideen, inspirierende Gemeinschaft, Kreativität, Anregungen und Unterstützung. Ihr habt dieses Projekt erst möglich gemacht und maßgeblich dazu
beigetragen, dass es zu dem geworden ist, was es heute ist.

Dieses Buch wurde zusammen von „G38C" und „Fortunato" in einem Gemeinschafts-
projekt erstellt. „G38C" hat das Design, Layout und den Code für das Buch
beigetragen, während „Fortunato" die KI "TCHS" fortlaufend trainiert hat, um
komplette Rezepte in einem vorgegebenen Datenformat nach der Analyse auszugeben.

Besonderer Dank gebührt auch der KI - „(T)he (C)00king (H)axx0rs (S)pecialist"
und ChatGPT, ohne die es nicht möglich gewesen wäre, dieses Projekt in so kurzer
Zeit auf die Beine zu stellen.

Des Weiteren möchten wir die Webseite **„Tarnkappe.info"** und den Betreiber
Lars Sobiraj erwähnen, sowie die **„Tarnkappe.info Gruppe"** bei Telegram, wo die
Idee zu der Kochgruppe entstanden ist.

C00king Haxx0rs

Tarnkappe.info

~$ Kochen unter dem Radar
{Von Nerds für Nerds}

 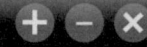
File   Edit   View   Search   Terminal   Help

`c00king@haxx0rs:~$ less Nachwort_Cliffhanger.txt`

Ein Ende? Nein, ein Anfang!

Ihr habt die erste Kollektion von *C00king Haxx0rs* entdeckt - eine Welt voller Aromen, die von Tradition bis Innovation reicht. Aber glaubt nicht, dass wir schon alles verraten haben. Dieses Buch ist nur das erste Kapitel unserer kulinarischen Reise, die noch viele ungeahnte Geschmacksabenteuer und gewagte Kombinationen bereithält.

Wir haben experimentiert, saisonale und regionale Schätze "gehoben" und kulturelle Küchenklassiker neu interpretiert. Aber das ist erst der Anfang! In der nächsten Ausgabe erwarten euch noch gewagtere Rezepte und tiefere Einblicke in die Geheimnisse der internationalen Küchen. Freut euch auf Unerwartetes und bereitet eure Geschmacksnerven auf Grenzüberschreitungen vor - von veganen Kreationen bis hin zu Resten, die zu Delikatessen werden.

Bleibt also gespannt, wenn die *C00king Haxx0rs* bald wieder ihre Messer wetzen und Töpfe zum Brodeln bringen - bereit für die nächste Stufe der Genusskunst!

PS: Dieses Nachwort wurde von unserem selbst entwickelten KI-Bot TCHS verfasst. DeepL Write hat den Text anschließend korrigiert. Am Ende hat das Autoren-Team dieses Buches zur Sicherheit noch einmal kurz drübergeschaut, was aber gar nicht mehr nötig war. ;-)

C00king Haxx0rs

You b00k, we c00k